コンパクト版　保育内容シリーズ③

環 境

谷田貝公昭 [監修]
大沢 裕・野末晃秀 [編著]

一藝社

監修のことば

　2017（平成29）年に「幼稚園教育要領」「保育所保育指針」「幼保連携型認定こども園教育・保育要領」が改訂（改定）され、そろって告示された。2018年4月より実施される。

　今回の改訂は、3つの施設、すなわち幼稚園、保育所、認定こども園を、幼児教育施設として認め、学校教育の基礎を培う場として、小学校以上の教育とのつながりを明確にしたことが特徴といえる。

　それぞれの園で就学までに「知識及び技能の基礎」「思考力、判断力、表現力の基礎」「学びに向かう力、人間性等」の3つの資質・能力を育てることを求め、それらの資質・能力の表れる具体的姿として、10の姿を挙げた。

　　（1）健康な心と体 -（領域）健康
　　（2）自立心 -（領域）人間関係
　　（3）協同性 -（領域）人間関係、
　　（4）道徳性・規範意識の芽生え -（領域）人間関係
　　（5）社会生活との関わり -（領域）人間関係
　　（6）思考力の芽生え -（領域）環境
　　（7）自然との関わり・生命尊重 -（領域）環境
　　（8）数量や図形、標識や文字などへの関心・感覚 -（領域）環境
　　（9）言葉による伝え合い -（領域）言葉
　　（10）豊かな感性と表現 -（領域）表現

である。

　これらは、幼児期にすべて完成し、確実にできるようになるということではなく、子どもたちが育っている方向性を表しているとしている。換言すれば、保育者と小学校の先生が「幼児期の終わりまでに育ってほしい姿」を共有するということである。

本「コンパクト版保育内容シリーズ」は、全体的には「健康」「人間関係」「環境」「言葉」「音楽表現」「造形表現」の6巻構成とした。

　本シリーズが完成したことは、なんといってもそれぞれの巻を担当した編者の努力に負うところが大きい。記して御礼申し上げたい。

　編者には、先の3法令を踏まえ、目次を立て、各章でぜひ取り上げてほしいことについて、キーワードをあげる作業をお願いした。また、保育内容の授業は、それぞれ15回実施することになっていることから、15章立てとした。

　執筆者は、それぞれの研究専門領域で活躍している人たちである。しかしながら複数の共同執筆者による協力的な著作であることから、論旨の統一や表現の調整に若干の不統一は免れ得ないが、多方からの批判叱正をお願いしたい。

　本シリーズが保育者養成課程にある諸子や保育現場の諸方にとって、研修と教養の一助ともなれば、執筆者一同、望外の喜びとするところである。

　なお、巻末に、「幼稚園教育要領」（抜粋）、「保育所保育指針」（抜粋）をつけた。ご利用いただければ幸いである。

　最後に、企画の段階から協力推進していただいた一藝社の菊池公男社長、小野道子常務、そして、編集担当の藤井千津子さん、松澤隆さん、川田直美さんに、衷心より御礼申し上げる。

　2018年2月吉日

監修者　谷田貝公昭

まえがき

　自然破壊、二酸化炭素排出に代表されるような、いわゆる環境問題の顕在化、情報化社会、異文化が交差する国際化社会の到来、またわが国にあっては、少子化・核家族化の深刻化など、現在私たちの生活する環境は、以前にもまして複雑なものとなっており、加速度的な勢いで、刻々と変化するものとなってきている。言うまでもなくそれは、子どもや、保育者を取り巻く環境にも不可避に、多大な影響を及ぼしている。人間形成の担い手、特に乳幼児期の子どもたちを対象とする保育者は、この環境の変化に対応して、どのように振る舞えば良いのだろうか。途方に暮れる保育者も少なくないと想像される。

　さらに昨今、保育施設に関しても、認定こども園をはじめとする保育施設の多様化、長時間保育の影響など、子どもと保育者が直面する課題は、山積している。

　そのような中、保育者を目指し、保育の実践にあたろうとする者は、ことさら環境について、どのような点に留意し、保育を行うべきか、また環境に関する保育についてどのように研鑽するべきなのかを、真摯に考えていくことを余儀なくされている。

　広く知られている通り、平成29年3月に幼稚園教育要領、保育所保育指針、幼保連携型認定こども園教育・保育要領が改訂・改定された。振り返ってみると、幼稚園教育要領に関しては、昭和31年の公布以降、平成元年の改訂で、はじめて「環境」という領域が設定された。その後、平成10年・20年の改訂を経て、今回の改訂に到ることになった。「環境」の領域の内容も、激変とまでは言えないものの、「健康」「人間関係」「言葉」「表現」の領域と同様に、否、それ以上に、最新の時代状況に対応したものとなったのである。また「幼児期の終わりまでに育ってほしい姿」に示唆されるように、保育内容の考え方そのものも、今回の

改訂・改定で変化している。本書はその点を踏まえ、その変化に沿ったものとしている。

　とはいえ、本書は、官公庁等の指し示す方針の単なる解説書ではない。この書では、多様である子どもたちと、それを取り巻く環境とにまつわる問題点や課題点をどのように整理し認識し、保育者としてどういった保育を実践していけばよいのか、そのことを考えていくためのヒントを文書の中の随所に織り込んでいる。現代の子どもたちの複雑な環境に相応しいように保育するためには、環境に関して、より良い保育はどうあるべきかを自分自身の頭脳を駆使して思考し、模索していく姿勢が、何よりも必要なのである。

　執筆者として、これまで保育者養成校の一員として日々教鞭をとられ、あるいは保育の実践活動に対して長年携わり大きな貢献をしてきた全国の先生方が、この企画に賛同してくれた。執筆をして頂いた先生方の熱意が、本書を読んでくださる方に伝わればと願っている。

　本書の刊行にあたり、一藝社の菊池公男社長は熟練した、真に的確な指揮をとり、本書の実現のために采配して下さった。また常務取締役の小野道子さんは、コンパクト版・保育内容シリーズの企画全体の円滑な実現を支える役を担ってくれた。一藝社の皆様は、一致団結して私たちを支えてくれた。中でも直接本書の担当をした藤井千津子さんは、企画の段階から真摯に対応し、細やかな配慮を重ね、時間を惜しまず編集作業をこなし、尽力してくれた。編者として、心から感謝の意を表したい。

　私たちは、本書の刊行が保育者養成のための一助となり、未来を担う子どもたちへの保育の実践に少しでも役に立つものとなれば、これに勝る幸せはないと考えている。

2018年2月吉日

　　　　　　　　　　　　　　　　　　　　編著者　大沢　裕
　　　　　　　　　　　　　　　　　　　　　　　　野末晃秀

もくじ

監修のことば 2
まえがき 4

第1章　保育内容「環境」の意義

第1節　人間にとって「環境」とは 9
第2節　領域「環境」の特徴 11
第3節　領域「環境」の保育 14

第2章　領域「環境」の概要

第1節　幼稚園教育要領及び保育所保育指針の改訂（定） 17
第2節　環境の内容と内容の取扱い 19

第3章　「環境」をより良く理解するために─各学問の知見から

第1節　自然環境について 25
第2節　人的環境について 28
第3節　非認知能力を育む環境 30

第4章　子どもの発達と環境

第1節　子どもの発達の特徴 33
第2節　乳児期の発達と環境との関わり 34
第3節　1歳以上3歳未満児の発達と環境 35
第4節　3歳以上児の発達と環境 37

第5章　子どもと環境との関わり

第1節　「子ども」の視点から考える保育の環境 41
第2節　生活の主体者としての子どもと環境 42
第3節　子どもの学びを深める保育環境 46

第6章　自然に親しむ―生命の尊さ

第1節　自然とは　49
第2節　命の尊さについて　53
第3節　生命とは　54

第7章　数量や文字などへの興味

第1節　乳幼児にとっての数量・図形・標識や文字　57
第2節　保育実践における数量認識の指導　58
第3節　保育実践における文字認識の指導　60
第4節　数量や文字認識を促す教材について　62
第5節　教育要領、保育指針等における数や文字などの位置づけ　62

第8章　生活と関係する行事・文化

第1節　生活と関係する行事　65
第2節　生活と関係する文化　70

第9章　子どもを取り巻く情報機器

第1節　子どもをとりまく情報機器にはどのようなものがあるのか　73
第2節　現代の子どもが直面している環境　74
第3節　保育者として、どのような点を留意して
　　　　情報機器と向き合うべきか　76
第4節　保育方法として、どのように情報機器を活用するべきか　77
第5章　今後の情報機器の発展と対応について　79

第10章　指導計画と評価―「環境」の視点から

第1節　幼児期の教育と指導計画　81
第2節　全体的な計画と指導計画　83
第3節　計画―実践―評価の実際　85

第11章　0〜2歳児の保育と環境

第1節　道具　89
第2節　遊具　91

第3節　自然環境　*94*
　　　第4節　地域との接点　*95*

第12章　3〜6歳児の保育と環境

　　　第1節　3〜6歳児の発育と興味・関心　*97*
　　　第2節　体験学習の循環過程から見る保育実践　*99*
　　　第3節　探究心をもつための保育方法　*102*

第13章　小学校との連携

　　　第1節　連携の必要性　*105*
　　　第2節　接続期のカリキュラム　*108*

第14章　特別な支援を必要とする子どもと領域「環境」

　　　第1節　多様化の社会の中で　*113*
　　　第2節　保育における「特別な支援を要する子ども」とは　*114*
　　　第3節　特別な支援が必要な子どもと「環境」　*114*

第15章　現代社会に内包する環境問題

　　　第1節　環境問題　*121*
　　　第2節　複雑化する人間関係　*121*
　　　第3節　IT－情報化社会　*123*
　　　第4節　未来に向かう保育　*124*

付録（関連資料）　*129*

監修者・編著者紹介　*142*
執筆者紹介（五十音順）　*143*

第1章　保育内容「環境」の意義

第1節　人間にとって「環境」とは

1　環境の定義

　人間にとって「環境」とはどのようなものなのであろうか。『広辞苑』第7版によれば、「環境」の項目には「めぐり囲む区域」「四囲の外界。周囲の事物。特に、人間または生物をとりまき、それと相互作用を及ぼし合うものとして見た外界」と説明されている。簡単に言ってしまえば、人間自身を取り巻くもの、それが環境である。例えば、ドイツ語では環境は Umstände というが、これもそもそも、周りに立っているもの、というほどの意味である。もちろん「体内環境」という一部例外はあるものの、おおよそ環境という場合、自分よりも外にあり、自分を取り巻く対象一般を指していると考えて差し支えない。

2　動物にとっての環境

　もちろん人間だけでなく、動物にとっても、環境がある。しかし人間と環境との関係、それと動物と環境との関係は決して同じではない。
　動物の場合、その活動は主として生得的に備わっている本能に基づいて行われ、環境に関わっていく。もちろん動物、生物も高等なものであればあるほど、学習する能力を持っている。しかし基本的には、動物の生き方は本能に基づくから、本能を乗り越えることはできない。具体的

には、動物は生まれたときから、特定の環境の中で生存するための仕組みのみを本能として備えている。このため環境が変化し、自己の本能で対処し切れなくなったとき、動物は自己の存在・生命を保つことができない。環境の変化により、絶滅した数々の動物たちのことを例に挙げれば、そのことは明らかだろう。

　動物たちは、全体としては環境のあり方に依拠しており、自身の本能にうまく適合するように、環境自体を変えていくことまではできない。

3　人間にとっての環境

　しかし人間はそうではない。人間は、自らの生活と環境との間がうまくいかなくなり、そこに問題・課題が生ずれば、自らの生き方を変えていくか、あるいは環境そのものを変えていくことができる存在なのである。ポルトマン（A. Portmann　1897～1982）は、この意味から、動物と比較して、人間は、「環境から自由」な存在であることを主張した。

　ある意味人間は、環境を変える力を持ちすぎたせいで、環境問題、環境汚染を引き起こしたと想定することもできよう。しかしそこで生じた環境の問題は、人間が持つ、環境を変える力そのもののせいというよりは、むしろ環境を変えるに至った人間の価値判断の結果である。要は人間は、環境に対して善意で向かい合うこともできれば、悪意をもって向かうこともできる存在なのである。

　基本的に人間は、環境を変える力をぜひとも持つべきであり、そこに向かって養成・教育されるべきである。しかしその力は決して悪用されてはならず、善用されねばらならない。次に述べる領域「環境」も、基本的にこの問題と向き合っている。

　ところで人間は、始めから環境を変えていく力を持つのではない。乳児にはこれまで認知されてきたのとは違った能力をもっていることが、近年の研究により明らかにされてきた。しかしそれでも、乳児には、自ら環境を積極的に変えていく力が、大人ほどはないことは明らかである。

人間は、成長の途上でさまざまな学習により、環境を変えていく力を次第に身につけていくのである。この環境と関わる力が、領域「環境」を通して育まれていく。

第2節 領域「環境」の特徴

1 領域としての「環境」

　「環境」という領域とは、どのような特徴を持っているのであろうか。まず領域というものが、保育者が子どもを指導する際の保育内容の一定の範囲であるということを前提としつつ、整理してみることにしよう。
　人間は、独自の力で環境と関わるが、大きく言ってその環境は、自然環境と社会環境とに分けることができる。言うまでもなく自然環境は、人間が介在しなくても存立する世界である。これに対して、社会という環境は、複数の人間がいて初めて成立する世界である。

2 自然環境と社会環境

　それでは自然環境と社会環境とは、どこが違うのだろうか。先にも述べたように、社会環境には善悪があるけれども、自然環境には善悪はない。例えば、猛獣が弱い動物を襲うことがあって、それがあたかも悪であるかのように見なされることがある。しかし、それは悪ではない。なぜなら動物たちは本能に規制された仕組みしか持たず、善悪について判断しながら行動する余地がないからである。
　ざっくりと大きくいえば、領域としての「環境」は、多くの場合、自然を対象としている。子どもは通常自然と向き合うとき、多様なものの見方をしながら、接している。例えば、子どもは、自然物としての木の実を、半分ずつ分け合うことを体験的に行っている。子どもたちは就学

後に、初めて、1の半分が1/2であることを学習するが、それをあらかじめ、実物の体験として把握するのである。この場合、半分と半分が合わさって1の全体になるという判断に到るとき、感情、人間の意志は全く介在しない。したい、したくない、好き嫌いという感情ではなく、計算・測定などの判断結果は、感情を抜きに決まることである。これが知的判断である。こうした知的な対象の判断、知的な分野に主として関わっているのが、環境の領域なのである。

　あるいはまた環境という領域は、おおよそ思考・判断をめぐってとりまとめられた領域と言ってもよいかもしれしない。幼稚園教育要領では、それをはっきりと「思考力の芽生え」と言っている。

　人間のルールとは違った、事物に対する法則、それは「環境」の領域と関わる事柄である。もちろん乳幼児は、法則という言葉は知らない。しかし子どもは、物が上から下に落下することを経験的に知っている。また摩擦が大きいものよりも、摩擦が少ないものの方がすべりやすく、力を入れずにものを移動させることができることを経験から分かっている。これもまた、一種の物的な法則の体験的意識である。

　しかし子どもたちは自然に対していつも冷静で、感情を抜きにして接しているわけではない。台風の驚異に目を奪われ、崇高な山の姿に偉大さを感じ、あるいはまた自然の途方もない力に驚嘆することがある。それは、自然に対する畏敬という気持ちの芽生えである。また生命に対する偉大さ、恐れを抱くこともある。確かにそれは思考ではなく、一種の感情である。自然から受ける子どもの素直な感性だと言ってよい。もちろんそれは大事に育むべき重要な視点なのである。

　さきほど述べたように、素朴な計算・測定など知的判断については、感情のさしはさむ余地はない。しかし計算すること、数えること自身は子どもが熱意をもって取り組むことができる手段である。ものを数えることによって新しい知識の幅が広がることは子どもにとっても、大きな喜びである。感情の入る余地のない判断・思考に対して、熱意をもって

取り組む、この一見矛盾したかに見える姿が「環境」という領域の特殊性を言い表している。

しかし改めて考えてみれば、自然環境と社会環境は、別個に存在する世界ではない。森林は、人間不在でも成立するので、自然環境に違いない。しかし人間が生きるためにそこから木材を伐採するとすれば、社会環境の中にも位置している。自然環境と社会環境とは、実際に厳密な地理的区分があるわけではない。この2つは、あくまで視点の問題である。

まとめて言えば、「環境」という領域は、主として、自然環境に重きをおいた保育の内容であり、保育者が指導すべき事柄である。

しかし実は、領域「環境」には、自然環境ばかりではなく、社会環境と関連した対象が入り込んでいる。それは、自国や他国の文化について知り、その違いを感じることである。また身近な図書館、郵便局などの機関、高齢者の機関、またそこで行われる行事について知ることも含んでいる。さらにまた標識・記号なども、この領域の中で取り扱われている。

行事・標識・記号は、自然環境には存在しない、人間社会独自のものではある。そして人間は、それらを自身の知的対象として、考える対象として取り扱うことができる。例えば、祭りの中に入り込んで、共に汗を流すことだけが祭りを知ることではない。地域の行事には、どのようなものがあるか、純粋な知的関心からそれを知ることもある。また自身の文化と異国の文化を比較するときには、感情だけでは、ただの好き嫌いの問題になりかねない。かえって、知的なものさしが入って、はじめて2つの文化の純粋な比較をすることができる。ここでも、意欲を持って取り組みながら、その判断の対象としては感情から距離をおくという、思考の一種特異な性質が現れている。

領域「環境」は、大きなくくりでは、物事を知的に見て考える見方、能力を育むことに関わっており、さらに、自然にある種の感情を持って接する見方を育む事項を含んでいる。

第3節　領域「環境」の保育

1　領域「環境」と他領域の関係

　「環境」という領域は、他の領域と、どのような関連を持っているのであろうか。領域「環境」の経験を通じて育つものの見方・考え方は、これまで述べてきたように、主として、知的なものの見方・考え方であり、子どもたちのその後の深い思考・判断につながっていく。
　先にも述べたように、知的な判断自体には感情の入り込む余地はない。しかし、逆に感情の入り込むものの見方というものがある。例えば、感情移入、他者に好意を抱くという感情は、知的判断とは相いれないものである。同情は「もし自分が相手だったら嫌な気持ちになるだろう」といった他者の立場にたって、初めて持つことのできる感情である。
　一般的に考えれば、私たちは場面に応じて感情の入り込んだものの見方をし、また知的な判断をする、ということになるかもしれない。しかし現実生活の中には、こうしたものの見方・考え方は、必ずしも整然と整頓されたものであるとは限らない。
　私たちは、多様なものの見方をしながら生活している。日頃、私たちは飼育動物に愛着を抱きながら接している。その生物が死ぬことになれば、その死を悼む。しかしすぐその後で、同じ種類の生き物を食材にしていても、私たちは、特に何も疑問を抱くことがない。このため、幼児から、こうした矛盾した大人の生活への素朴な疑問が発せられることがある。私たち保育者は、真摯にそれに対応し、丁寧に子どもに向き合っていくことが大事である。そうしてこそ、保育内容「環境」は、単なる知識ではなく、子どもたちの実り豊かな経験内容となっていくのである。

2　領域「環境」と人間性の育成

　自然環境に触れるだけでは、自然は子どもに対して善悪を示すことはない。しかし子どもが道端で目に留める草木と子どもがどう向き合うか、この態度の育成にあたっては、保育者や子どもの周囲の大人の果たす役割は誠に大きい。身近にいる大人が自然環境に対している態度、それを子どもは模倣する。草木をぞんざいにあつかう保育者を見た子どももまた、草木を軽い価値しかないものと判断するようになる。

　また自然は、社会のルール、きまりを教えることはないが、自然事象に内在する秩序、法則を子どもたちに教えてくれる。自然は子どもに季節があることを教える。また自然は地域によって生息する生物たちの違い、あるいは気候の違いなどを、直接子どもたちに教えてくれるのである。

　もう一つ重要なことは「自然は、私たちに同情的に働きかけることもなければ、手加減することもない」ということである。人間の意志ではどうにもならないことがあるという厳然たる事実を、私たちに教えてくれる。子どもは、自然を相手にしたとき、甘えが許されないこと、わがままが通用しないことを厳然と体験する。自然の力は、この面から私たちの人間性に影響を及ぼしていくのである。

　保育内容としての領域「環境」は、自然環境を主たる対象とし、一部は社会環境を含み、さらに子どもの知的関心・興味を中心に、保育者が指導する事柄である。

3　領域「環境」の保育内容の展開

　子どもが自然環境と関わり、知的な関心・興味を示すといっても、もちろん子どもの発達段階によって、関わり方が変わってくる。一般的に子どもの関心・興味は、より直接的具体的な対象物から出発し、徐々に抽象的なものへと向かっていく。具体物の大体の量や大きさを知ることは、幼児期に普通に経験するものである。しかし、数字や単位を使った

計算は、就学後に学ぶべき問題である。乳幼児期における知的関心・興味は、おおよそ具体的なものとの関連を通して展開する。

　例えば子どもたちは、動物、植物、昆虫、魚などへの興味を示し、飼育や栽培に熱心に取り組もうとする。それは人間の管理下にある自然物ではあるが、子どもたちにとって貴重な経験である。

　同時にまた物事の性質やしくみといったことへの関心も深まっていく。道具、日常生活品への興味・関心は、子どもの身近なものであるがゆえに、幼児期から発展・展開していくものである。

　先にも述べたように、子どもは、数や文字、標識の意味するところについて知ることになる。同時にテレビや電話だけではなく、パソコン、携帯電話、スマホなどの情報機器は、ますます身近なものになっている。

　子どもたちが乳幼児期でなす知的な経験、それは現代の社会問題とも無縁ではない。保育室などの中に分別ゴミ箱を導入することにより、環境問題への意識を自然と高めることも、保育内容の一つとして考えられることである。資源を無駄にしない習慣・態度もまた、乳幼児期から意識して育てられるべき事柄である。

　こうした子どもたちの資質・能力は、当然のことながらに、就学後の学習につながっていく。幼いときに興味・関心があったものが、必ず生涯継続するとは限らない。しかし数々の直接的な体験、深い関わりが、子どもたちのその後の学びに深い影響を与えていくことは間違いない。

【引用・参考文献】
　内閣府・文部科学省・厚生労働省編『平成29年告示・幼稚園教育要領・
　　保育所保育指針・幼保連携型認定こども園教育・保育要領』チャイル
　　ド本社、2017年
　谷田貝公昭監修、林邦雄責任編集『保育用語辞典』一藝社、2006年

　　　　　　　　　　　　　　　　　　　　　　　　　　（大沢　裕）

第2章　領域「環境」の概要

第1節　幼稚園教育要領及び保育所保育指針の改訂（定）

　本章では、第1節で2017（平成29）年に改訂（定）された幼稚園教育要領及び保育所保育指針の概観と「環境」との関連性、第2節で領域「環境」のねらいと内容を扱う。

　最初に、保育における環境の意味について簡単に触れておきたい。1つ目は、保育所保育指針総則で「保育所は、その目的を達成するために、保育に関する専門性を有する職員が、家族との緊密な連携の下に、子どもの状況や発達過程を踏まえ、保育所における環境を通して、養護及び教育を一体的に行うことを特性としている」という記述が示し、幼稚園教育要領総則では「幼児期の教育は、生涯にわたる人格形成の基礎を培う重要なものであり、（中略）幼児期の特性を踏まえ、環境を通して行う」とされているものである。ここで「環境」とは、保育者や子どもなどの人的環境、施設や遊具などの物的環境、季節や地域などを含む自然や社会の事象という、子どもを取り巻く全てのコトやモノを指す。

　2つ目は、5領域の1つとしての「環境」である。本章では、後者を中心に扱うが、保育が「環境を通して行われる」という視点は領域「環境」を考える上でも非常に重要となるので、よく理解しておきたい。

1　幼稚園教育要領の改訂の経緯とポイント

　1956（昭和31）年、小学校の学習指導要領の改訂などに影響を受けて

幼児教育の保育内容に対しても本格的な議論が高まり、幼稚園教育要領が制定された。1964（昭和39）年の改訂を経て、1989（平成元）年には領域の区分が6から5領域に変更され、それに伴って領域名も「自然」から「環境」になった。この領域の区分は、1998（平成10）年、2008（平成20）年の改訂時にも引き継がれて今日に至る。

今回2017（平成29）年の改訂のポイントは、①**育みたい資質・能力**、②**幼児期の終わりまでに育ってほしい姿**、③**主体的・対話的で深い学び**、④**カリキュラム・マネジメントの確立**である。領域「環境」に関しては、基本的にこれまでの方向性を踏襲しているが、「伝統的な文化に親しむ」という項目が新たに領域の内容に追加された。地域社会の中で育まれてきた行事や食文化などに触れ、社会性の芽生えにもつながるさまざまな経験を生活や遊びの中で積み重ねたい。

2　保育所保育指針の改定の経緯とポイント

保育所保育指針は、1965（昭和40）年に制定された後、1990（平成2）年、2000（平成12）年、2008（平成20）年に改定が行われた。1990年の改定より保育の内容として「環境」という用語が登場する。2008年の改定では、従来の局長通知から厚生労働大臣による告示になり、規範性を有する基準としての性格がより鮮明に示された。

この告示以降、待機児童問題に対する保育施設や保育士の確保等に対応するために2015（平成27）年に施行された「子ども・子育て支援新制度」など、質と量との双方からの保育の充実に向けた取り組みがなされてきた。そのような流れを受け、新しい保育所保育指針では、①**3歳未満児の保育の充実**、②**幼児教育の位置づけ**、③**健康及び安全の記載の見直し**、④**子育て支援の充実**、⑤**職員の資質・専門性の向上**が示された。

また、今改定で注目されたのが、3歳以上児の領域の内容に追加された「保育所内外の行事において国旗に親しむ」いう項目である。幼稚園教育要領には改訂前から同様の記述があり、足並みを揃えたという見方

ができる。ただし、無防備な幼児期から偏った愛国心に傾斜しないよう、またトップダウン的な押しつけにならないよう、十分に配慮する必要性があろう。さらには、そのような保育の内容が、子どもの発達上本当に望ましいことであるのかといった面からも、熟考することが大切である。これから保育に携わる学び手の皆さんには、さまざまな社会情勢をよく理解し咀嚼した上で、保育する責任と義務があることを忘れてはならない。

3 「幼児期の終わりまでに育ってほしい姿」と環境との関連

　幼児教育の本質を示す見方・考え方として、新たに「幼児期の終わりまでに育ってほしい姿」が幼稚園教育要領、保育所保育指針、幼保連携型認定こども園教育・保育要領に共通して示された。

　この中で領域「環境」との関連性が強いのは、カ思考力の芽生え、キ自然との関わり・生命尊重、ク数量や図形、標識や文字などへの関心・感覚の3項目である。これらはいずれも領域「環境」の内容にすでに含まれる記述である。ここで示された姿は、「環境」のみを通して培われるのではなく、まして「環境」を通じて学ばせなければならないと義務的に考えるものでもない。身の回りの様々な事象や自然との関わりを通して新たな発見や気付きなどの驚きや喜びを感じていく中で、子ども自身の力で自ずと獲得していくことが重要である。大人が勝手に到達点を定めるのではなく、子どもが子どもの望むような時間を過ごし、豊かな経験を積むうえで成長していく姿である。大きな視点で子どもたちの成長を確認する、一つの目安と捉えたい。

第2節　環境の内容と内容の取扱い

1 保育内容と領域

　保育内容とは、幼稚園や保育所における保育の目標を達成するために展開される生活のすべてであり、望ましい人間形成の媒体となるもので

ある。保育所保育指針では、「養護」と「教育」という大きな2つの側面から示され、「教育」の中身として「領域」が存在する。健康・人間関係・環境・言葉・表現の各領域は、それぞれが関わりあって総合的に子どもたちを導くものであり、子どもの発達の姿を見る「窓」ということもできる。そのため、一つ一つの領域の内容を取り出して、小学校以降の学習のように、いわば教科的に扱うことは乳幼児期の発達にはそぐわない。領域はそれぞれが独立して扱われるのではなく、日々の保育の中では混在して実践されていることを理解することが大切である。

2 「環境」のねらい及び内容

　幼稚園教育要領で領域「環境」は、「周囲の様々な環境に好奇心や探究心をもって関わり、それらを生活に取り入れていこうとする力を養う」と説明され、「(1) 身近な環境に親しみ、自然と触れ合う中で様々な事象に興味や関心をもつ、(2) 身近な環境に自分から関わり、発見を楽しんだり、考えたりし、それを生活に取り入れようとする、(3) 身近な事象を見たり、考えたり、扱ったりする中で、物の性質や数量、文字などに対する感覚を豊かにする。」の3つの「ねらい」によって構成されている。環境という言葉から一般的に想像されやすい植物や生き物との触れ合いだけでなく、物質の変化や数や文字（例えば水と氷、絵本の文字、時計）といった身の回りのさまざまな事象を含んでいるのが、領域「環境」の特徴である。

　保育所保育指針では、今回の改定から領域とのねらいと内容が年齢に応じて3区分で示された。1つ目の区分は乳児期である。乳児期の保育内容は5領域ではなく、3項目で構成されるようになった（**図表2-1**）。環境は主に「身近なものと関わり感性が育つ」の項目に包括されている。これらの3項目が、5つの領域を意識しながら養護と一体的に行われることが、乳児保育の特性である。1歳以上児は、「1歳以上3歳未満児」と「3歳以上児」に分かれ、より発達段階に即した具体的な保育内容が

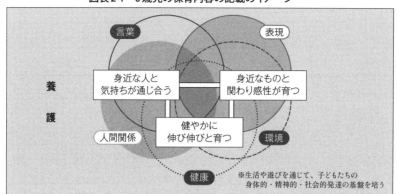

図表2-1　0歳児の保育内容の記載のイメージ

○乳児保育については、生活や遊びが充実することを通して、子どもたちの身体的・精神的・社会的発達の基盤を培うという基本的な考え方を踏まえ、乳児を主体に、「身近な人と気持ちが通じ合う」「身近なものと関わり感性が育つ」「健やかに伸び伸びと育つ」という視点から、保育の内容等を記載。保育現場で取り組みやすいものとなるよう整理・充実。
○「身近な人と気持ちが通じ合う」という視点からは、主に現行指針の「言葉」「人間関係」の領域で示している保育内容との連続性を意識しながら、保育のねらい・内容等について整理・記載。乳児からの働きかけを周囲の大人が受容し、応答的に関与する環境の重要性を踏まえ記載。
○「身近なものと関わり感性が育つ」という視点からは、主に現行指針の「表現」「環境」の領域で示している保育内容との連続性を意識しながら、保育のねらい・内容等について整理・記載。乳児が好奇心を持つような環境構成を意識して記載。

出典：社会保障審議会児童部会保育専門委員会「保育所保育指針の改定に関する議論のとりまとめ」2016

示されることとなった。

　いずれの発達段階においても、その活動は「やりたい」「不思議だな」「楽しい」といった子どもの内なる思いから始まる必要がある。内容の一つ一つは、どれも子どもたちの具体的な体験を伴う遊びの中で経験されることが望ましい。そのためにも、幼児期にふさわしいさまざまな経験を導く保育者自身が十分に豊かな経験を積んでおくことが、充実した保育への近道であることは想像に難くない。保育所保育指針の第1章 総則（2）で、「保育所の保育は、子どもが現在を最も良く生き、望

ましい未来をつくり出す力の基礎を培う」とうたわれているように、子どもたちの期待や喜びがあふれ出すような保育を展開できる感性を十分に養っておくことが、未来の保育者に求められている。

3　内容と内容の取り扱い

　幼稚園教育要領では、「ねらい」を達成するために指導する事項として、次の12項目の「内容」が示されている。(1) 自然に触れて生活し、その大きさ、美しさ、不思議さなどに気付く。(2) 生活の中で、様々な物に触れ、その性質や仕組みに興味や関心をもつ。(3) 季節により自然や人間の生活に変化のあることに気付く。(4) 自然などの身近な事象に関心をもち、取り入れて遊ぶ。(5) 身近な動植物に親しみをもって接し、生命の尊さに気付き、いたわったり、大切にしたりする。(6) 日常生活の中で、我が国や地域社会における様々な文化や伝統に親しむ。(7) 身近な物を大切にする。(8) 身近な物や遊具に興味をもって関わり、自分なりに比べたり、関連付けたりしながら考えたり、試したりして工夫して遊ぶ。(9) 日常生活の中で数量や図形などに関心をもつ。(10) 日常生活の中で簡単な標識や文字などに関心をもつ。(11) 生活に関係の深い情報や施設などに興味や関心をもつ。(12) 幼稚園内外の行事において国旗に親しむ。

　「ねらい」の達成のために、保育者は子ども一人ひとりの興味・関心や行動への予想に基づき、計画的に環境を構成することが求められる。

　子どもの心身の豊かな成長には、自然との直接的な関わりが何より大切である。子どもたちを取り巻く環境は、社会の変化に影響を受けることが多く、テレビやインターネットなどの映像や視覚を中心とした情報化社会の中で、生物の命に触れたり、季節の移ろいや自然現象に接したりする機会は貴重な体験である。子どもにとって、生活することはすなわち遊びであり、遊ぶことが生きることでもある。遊びの中で関わる環境の一つ一つが、子どもたちの社会への興味関心を広げるきっかけにもなる。子どもは、身近な環境に好奇心や探究心をもって主体的に関わり、

自分の生活や遊びに取り入れていくことを通して発達していくことをよく理解することが重要である。

　また、これらの内容を実施するに当たっての留意事項として、5項目の「内容の取扱い」が示されている。まず、遊びの中で周囲の環境に関わり、友達との関わりを通じた興味関心の広がりを大切にすること。自然の美しさや不思議さなどに触れる貴重な自然体験を生かすこと。身近な動植物への畏敬の念、生命を大切にする気持ちなどが養われるようにすること。我が国や伝統的な遊びや海外の文化に親しむ中で、社会的な意識の芽生えにつなげること。そして、数や文字については日常生活の中での体験を大切にすることである。

　保育の計画や指導の際には「幼児期の終わりまでに育ってほしい姿」を踏まえ、ねらいと内容に基づく活動が展開できるように留意することが必要である。

　子どもたちが日々接する環境の中には、人々の暮らしがあり、さまざまな動植物の尊い命があり、遊具などの日々の生活や遊びに必要な物がある。そういった身近な環境に好奇心をもって関わる中で、試行錯誤したり、考えを深めたり、新たな遊びを発見したりすることができるようになっていく。そのために、子どもたち自身が全身で感じ取る体験を多様に重ねること、またその体験のために保育者が適切な支援をしていくことが大切である。

【引用・参考文献】
大宮勇雄他編『どう変わる？何が課題？現場の視点で新要領・指針を考えあう』ひとなる書房、2017年
厚生労働省（社会保障審議会児童部会保育専門委員会）「保育所保育指針の改定に関する議論のとりまとめ」2016年12月21日〈http://www.mhlw.go.jp/stf/shingi2/0000146738.html〉（2017.11.6最終アクセス）

民秋言他編『幼稚園教育要領・保育所保育指針・幼保連携型認定こども園教育・保育要領の成立と変遷』萌文書林、2017年

内閣府・文部科学省・文科省『幼稚園教育要領 保育所保育指針 幼保連携型認定こども園教育・保育要領＜原本＞』チャイルド本社、2017年

森上史朗・柏女霊峰編『保育用語辞典〔第8版〕』ミネルヴァ書房、2015年

無藤隆『3法令改訂(定)の要点とこれからの保育』チャイルド本社、2017年

（五十嵐紗織）

第3章 「環境」をより良く理解するために — 各学問の知見から

第1節 自然環境について

1 自然と文化文明

(1) 文化文明は土壌が土台

人類の文化文明は、自然がもたらした。「エジプトはナイルの賜物(たまもの)」と呼ばれ、ナイル川の定期的な氾濫が流域の土壌を肥沃(ひよく)にして穀物に豊かな実りをもたらしたのである。その恩恵を享受したエジプトでは独特の灌漑(かんがい)農業を確立し国内栽培を発展させ、生産された穀物が、エジプト文明の発展の原動力になったのである。やがてそこに人が多く住むようになり、街が出来て文明が起こり次第に栄えていったのである。つまり自然生態系（エコシステム）の構成要素の一つである「土壌」が、エジプト文明の萌芽を育み支え、そして培ったといえる。

(2) 文化文明の盛衰と土壌

自然の恵みである肥沃(ひよく)な土壌の活用により、農作物の生産量が次第に増え、人口も収穫に比例して多くなり街が次々に生まれ発展した。ピラミッドに象徴されるエジプト文明の絶頂期には文字や紙（パピルス）などを初め多くの文化も産み出し、そしてクレオパトラの時代にはその栄華を極めたとされる。

しかし人口が過多となり、土地が宅地に代わったり痩せたりして作物の生産量も減少して文明は衰退に向かうことになる。ここでも土地、す

なわち土壌が文明の将来を左右することになったのである。つまり、「土壌」が古代エジプト文明の盛衰の鍵を握っていたのである。

これは現代においても同様に当てはまるのではないかと考えられる。つまり自然をスポイルしたり破壊したりすることが、文明や文化の衰退に結びつくという考え方である。自然生態系の太陽光・大気・土壌・水・野生生物の5つの構成要素について、現代に生きる私たちはその5つがそれぞれに持つ機能と役割について認識を深める必要がないだろうか。

2　自然と人間

(1) 人間は自然の一部

当たり前のことではあるが人間は自然の一部であり、哺乳類のヒト科ヒト属ヒト種に分類されるれっきとした動物である。自然の一部として生まれ、自然と共に暮らし、自然の循環の中で死んで土に還る、つまりやがては自然に還っていく動物なのである。しかし人は自然を軽視し自然を見下す過ちを度々犯し、土壌や空気を汚し、そして水を汚す。その中で野生の動植物の生命の尊さを忘れ、時に絶滅に追い込んでしまう。

自然生態系の構成要素である太陽光・水・大気・土壌・野生の生物は相互に関わり合って機能し地球上に存在している。視点を変えて捉えてみると人間も野生の生物と同様に、他の4つの要素が正常かつ健全に機能しているかどうかを計るモノサシ（計測器）といえるのかもしれない。つまり太陽光・水・大気・土壌のそれぞれの健全さを計るチェッカーがヒト（人間）という動物なのかもしれないということである。

(2) 自然と保育、教育

自然の持つ力が保育、教育においてもクローズアップされている。自然と日常的に触れ親しむことにより、子どもの成長発達にプラスの作用をもたらすのである。子どもの身体的な成長をはじめ好奇心や探求心、道徳心や正義感、さらには自己肯定感（自信）にもつながることが文部科学省などの研究で明らかになっている。「もりのようちえん」や、「里

山保育」での教育実践、保育実践は子どもたちの笑顔とセンス・オブ・ワンダーで溢れていることが報告されている。

　また保育者や教師と共に田畑を耕して、土を作り、種をまき、水や肥料やりをして育て、そして収穫して調理して食べる、という一連の具体的な自然体験を通して子どもたちは命を育て、それを頂いて生きていることを理解することができる。このような自然との共生および食と農を基盤とする「命を大切にする心を育てる」新しい保育、幼児教育の取り組みは、「食農保育」と呼ばれている。

　小学校の「生活科」や新しい幼稚園教育要領、そして保育所保育指針また認定こども園教育・保育要領においても共通して、自然との触れ合いやその中でのさまざまな経験の必要性を明示していることから捉えても、食農保育は保育の一つの方向性として示唆に富んでいるといえる。

(3) 生きる力の基礎を育む

「5歳児の義務教育化」が先進国においての教育トレンドになっている。我が国でも小学校低学年の教科である「生活科」の学習内容を保育所や幼稚園、認定こども園の保育内容に加えることを文部科学省が検討課題としている。自然と触れ合い親しみ、自然体験を日常的に重ねることができる生活は、子どもが「生きる力の基礎」を自ら育くみ伸ばすことにつながっていくことを小学校学習指導要領生活編でも強調している。

　健やかな成長発達につながるそのような生活を子どもたちに保障していくためには、現代社会における子どもたちの生活全般と自然環境を初めとする子どもの身近な環境を捉え直すことが必要不可欠であり、喫緊の課題であるといえる。

第2節 人的環境について

子どもの成長発達と人的環境

(1) 保育者は最も身近な人的環境

　子どもの成長発達と人的環境は密接な関係にあり、最も身近な人的環境である保育者との「関わりの質」が、乳幼児期の子どもの成長発達を大きく左右するといっても過言ではない。「いい先生に出会うと人生が変わる」という言葉もあながち大げさな表現ではなく、例えば保育を学ぶ学生に保育者を志した動機やきっかけを尋ねると、幼い頃に出会った保育所や幼稚園の優しく親切な先生に憧れて志望した、という答えが最も多くその影響力の大きさが分かる。

　「保育者」とは広義には母親や父親、そして祖父母、また保育所や幼稚園、認定こども園での保育士、教諭等を意味し、子どもに最も身近で密接に関わり生活や遊び、日常のさまざまな活動を共にする大人をいう。そして関わりの質については、家庭での父母等による具体的な養育の質、また園での保育者による保育、幼児教育の実践の質が主なものとして挙げられる。具体的には、愛情あふれる肯定的な関わりを基本とした年齢や発達段階に即した応答的かつ教育的な関わりがその中身といえる。

　また園での子ども集団の質も教育の質に直接的に関わるといえる。それ故、保育者や教師はグループやクラス集団の持つダイナミクスを十分に理解して、集団の構成員である子ども一人ひとりに光を当てながら、集団としての育ちや発展もサポートすることが求められる。そうすることにより子ども集団の持つ能動的で教育的な機能が発揮され、構成員である一人ひとりの子どもの社会性や仲間意識等が育まれていくのである。

(2) 乳児の能力と保育

　赤ちゃんの言語発達に関する最近の研究では、喃語の他は言葉をまだ

話せない生後数カ月の乳児でも、保育者が自分に掛けたり話したりする言葉（＝母語）を聞いて、情動レベルで少しは理解できることが明らかにされてきている。言葉を自分ではまだ一語文も話せない喃語段階においても、保育者（＝主に母親）の掛ける言葉に反応し受け止めて、言葉や意識以前のレベルで、かすかであるが理解しているのである。

乳児の能力は旧来考えられてきたような全くのゼロ水準ではなく、大人が考えている以上のさまざまな能力を持って生まれてきて、かつ日々その能力を発揮しながら育ちつつあるということが、脳科学の進歩により判明して来ているのである。従って保育者の愛情あふれる温かい言葉かけやスキンシップなどの関わりは、ダイレクトな反応が返ってこなくとも乳児に伝わり心の奥底に響いていること、それ故に極めて重要であることをよく認識することが大切である。

(3) 乳児同士をつなぐ環境

乳児は社会的な側面についてもさまざまな能力を有していることが大脳生理学や認知神経科学等の研究により明らかにされてきている。例えば生後4〜5か月ごろの乳児同士の「交流」も可能であり、乳児の認知能力の発達促進に有意に作用しつながっていくことも判ってきている。

うつ伏せの体位で顔を上げ、乳児同士が互いに見合わせ相手を意識して喃語を発したり、目の前の玩具に互いに呼応して手を伸ばしたりすることは対認知行動の端緒であり、とても意義のある行為だといえる。また1対1の関わりでは保育者が認知対象になることがほとんどであるが、乳児同士が3、4人で顔を見合わせるように円くなり、うつ伏せ状態で顔を上げたり、座った状態で円くなったりして、互いに「おしゃべり」を楽しんだりすることも心理的発達につながる有意義な保育実践である。

乳児同士をつなげる意図的な状況作りであり、他児との関係性を育む環境設定であることを認識し、乳児の社会性の芽生えを育む一つの試みとして、さらにより良い保育実践につなげていくことが必要であるといえる。

第3節　非認知能力を育む環境

1　非認知能力について

(1) ヘックマン博士と非認知能力

ノーベル経済学賞の受賞者であるジェームズ・J・ヘックマン博士（James. J. Heckman 1944～）は、幼少期の教育、保育の重要性を示す論拠として定番となっている著書『幼児教育の経済学』で、小学校以降の教育よりも就学前教育の方が教育効果が高く、「投資効率」が非常に良いことを強調している。

認知能力とは理解や記憶などいわゆる読み書き計算の能力であり、非認知能力は意欲や誠実さ、そして社会的能力などが該当するが非認知能力が高い人の方が、大人になってから社会的経済的に成功している事例が多いことを調査研究の結果を示し論述しているのである。

つまりヘックマン博士は、学力に直結する認知能力だけではなく非認知能力に着目し、とても重要であるとして幼少期に育むことが子どもの将来にとっても経済学的見地からも非常に有益であることを調査結果から示しているのである。

(2) 認知能力と非認知能力

認知能力は学力と結びついた賢さとして捉えることが出来る能力である。ＩＱ診断や学力テストで計測が可能であり、理解力や言語能力そして計算能力等は分かりやすく、計測することも比較的容易で、これまでの我が国の教育界でも重要視されてきた能力である。

非認知能力は人生の成功に結び付く能力といわれている。意欲、やり抜く力、誠実さ、忍耐強さ、自制心、社交性等については、実社会で必要かつ重要な能力であるといえる。これらの非認知能力は身近な人から子どもは学び獲得するものであると捉えられていて保育、教育の中で育

み培い、そして伸ばすことが可能な能力なのである。

2 非認知能力を育て伸ばす環境

(1) 家庭環境と非認知能力

　子どもにとって最も影響力のある環境は家庭環境であり、子どもが育ち育てられるその環境は父母（保護者）の養育の質により左右される。それは世帯の収入や両親の学歴等の基準ではなく子育ての具体的な行為や活動によって測られるといえる。例えば家庭での生活の基盤である食事や睡眠等の生活習慣と「生活リズム」の確立や、父母からの愛情のこもったまなざしや説明的で穏やかな言葉掛け、そして応答的で優しさに満ちた会話や関わり、また色々な遊び経験やその共有などが挙げられる。とりわけ生活リズムの確立については共感性等の社会的能力の伸長にも関わることが指摘されて、また園や学校での遊びや学習活動の土台ともなるため、特に重要視すべきである。

(2) 非認知能力を育む遊び（園での集団遊びの重要性）

　非認知能力を育み、培い伸ばすには乳児期においては遊びが重要であることが明らかになってきている。遊びは乳幼児にとっては成長発達の源泉でありかつ原動力であり、また心身の調和のとれた発達の基礎を培う学童期以降の学習に相当する大切な活動である。特に集団での群れ遊びや共同的遊びが、非認知能力の中でも重要とされる子どもの意欲、忍耐力、自己制御、自己効力感、社会性の育ちを促進すると考えられる。

　具体的には、わらべ歌遊びや役割鬼ごっこ、劇遊び等の比較的多人数で楽しむことができ、ルールや役割分担が明確で目標や最終目的等を共有しやすい遊びが挙げられる。

(3) 園での生活と遊びが育む非認知能力

　園でのさまざまな集団遊びや、生活の中での保育者や友だちとの関わり合いを通して非認知能力は育まれる。厚生省の調査で以前明らかにされたが0歳から園での保育を受けて育った子どもは、3歳から保育を受

けた場合と比較して社会性の育ちが有意に伸びているとの結果が示されたことは注目に値する。つまり保育所等で早期から保育、教育を受けることが順番や交代等のルールを守る、友だちと協力し折り合いをつける等の非認知能力の一つである社会性の育ちにプラスに作用するということであり、子どもは子ども集団の中でこそよく育つということである。

また非認知能力の一つである意欲や忍耐力等は、身近な人的環境である保護者や保育者、教師に認めてもらったり褒めてもらったりすることを通して育ち育まれる。つまり肯定的なストロークを言葉やスキンシップ等の形で家庭や園で身近な大人から多く受けることにより、子どもは意欲や自信、協調性や自制心などを育て培うことが出来るのである。

非認知能力を育み、培い伸ばすことも含めて子どもの健全な成長発達のためには家庭と保育所等の園との協力、協働が不可欠であるといえる。

【引用・参考文献】

井上美智子・無藤 隆・神田浩行 編著『むすんでみよう子どもと自然 ―保育現場での環境教育実践ガイド』北大路書房、2010年

乾 敏郎『脳科学からみる子どもの心の育ち― 認知発達のルーツをさぐる』ミネルヴァ書房、2013年

岡野聡子・筒井愛知 編著『子どもの生活理解と環境づくり』ふくろう出版、2013年

小林茂樹・大木有子・倉田新・野村明洋編著『食農保育―たべるたがやすそだてるはぐくむ』農山漁村文化協会、2006年

無藤 隆・古賀松香編著『社会情動的スキルを育む「保育内容人間関係」』北大路書房、2016年

(長谷秀揮)

第4章　子どもの発達と環境

第1節　子どもの発達の特徴

環境の大切さと発達の順序性

(1) ポルトマンの生理的早産説

『人間はどこまで動物か』の著書で知られるアドルフ・ポルトマン（Adolf Portmann 1897～1982）は、生理的早産説を唱えた［アドルフ、1961］。

人間は他の哺乳動物に比べて1年早く生まれる。人間が他の本当の哺乳類なみの発達をするには、人間の妊娠期間が約21カ月になるはずである。しかし、胎児は未熟なまま、母体から離れる。この生理的早産という特殊性が、他の動物とは異なる特徴であり、人間は未熟な状態で生まれるからこそ、人間の手により、教育されるべき動物である。環境としての大人との接触が後の人生を大きく左右するものであると言ってよい。もし、人間の手により育てられなかったら、人はどのような成長を遂げるのだろう。次に例示する。

(2) 狼に育てられた子ども

「オオカミ少女カマラ」の例を紹介する。1920年にインドで発見されたカマラは生後間もないころから7歳ころまでオオカミに育てられたと推察される。7歳頃からカマラは、シング牧師夫妻に育てられ、夫妻の観察日記をゲゼル（Arnold L. Gesell 1880～1961）が紹介している。発見当初、カマラは、夜になると戸外を4つ足で走る、這う、オオカミの

吠え声を立てる状況だったという。シング夫妻の下で愛情深く育てられた結果、病死した17歳の時点で言語と社会的知能は生後3年6カ月の子どもぐらいであったという。

このことから、人間は文化的環境の中で教育を受けることにより、人間になるということが分かる。同時に、献身的な愛情を注いでも人間は発達段階があり、適切な時期に適切な環境と教育が保障されてこそ人間は人間としての発達を遂げるということを示している。

(3) 原始反射と発達の順序性

新生児から1人で歩行できるまでは、生後15カ月ぐらいである。子どもは順序よく段階を踏んで成長・発達していく。

グッドイナフ（F.L.Goodenough 1886〜1959）、によると新生児期の反射運動から始まる運動の発達には、一般的には、順序性があるという。

順序性とは、発達は、上から下へ、中心部から細部へ、大から小へというような特徴である。そのことを踏まえ、周囲の大人は発達の時期にふさわしい環境を準備しなければならない。

第2節 乳児期の発達と環境との関わり

乳児期の特徴

(1) 情緒の発達と社会性の発達

人間の誕生から1カ月を新生児期といい、この時期も含め、誕生から約1カ年を乳児期と呼ぶ。乳児期の1年間で、体重は約3倍、身長は約1.5倍にもなる。

ブリッジェス（K. M. B. Bridges 1897〜?）の情緒の分化の説（1932年）によると、新生児は興奮の状態から快・不快へと感情が分化し、その後、快から得意と愛情へと感情が分化する。0歳児は情緒の表出を、快で笑い、

不快では泣いて表す。0歳児は、自分のところにすぐに来てくれるおとなに心を許し、笑いかけて喜びの反応を示すようになる。

(2) 知識・思考力の発達

身近な人の声に反応したり、振り向いたり、動くものを目で追ったりできるようになる。4カ月ごろになると、「アー」「ウー」という喃語も変化に富んだものとなり、コミュニケーションがとれるようになる。

(3) 運動機能の発達

手足をバタバタ動かす、首がすわり、音がする方向に首を動かす、お座りをする。ハイハイをする、歩く、というように、視覚、聴覚と共に運動機能の発達も著しい時期である。また、自分の気に入ったおもちゃをつかもうとするようになる。

(4) 環境との関わり

この時期は、情緒を安定させ、信頼できる大人の存在、すなわちいつもほほえみ返してくれる大人の存在が必要である。受容的、応答的な関わりが特に大事である。

第3節　1歳以上3歳未満児の発達と環境

1　1歳児の特徴

(1) 情緒の発達

基本的な情緒はほとんど表わされ、情緒表現の特徴は、快は全身で喜びを表し、不快は泣き叫ぶなど激しい行動に出ることである。

(2) 社会性の発達

社会性については、0歳からの依存の時期と1歳の独立の時期とが交錯している。禁止のことばが理解でき、危険なものに手を出していても「だめ」と言うと手をひっこめたりできる。友達にも関心を示す。

(3) 知識・思考力の発達

この時期には、各感覚機能と体の動きをうまく協応させ、探索行動が現れる。投げる、破るなど、貴重な学習体験である。これらにより、色、形、大きさ、空間なども認知するようになる。1歳前後で「マンマ」などの語彙(ごい)を言い、1歳後半では「ママ、イナイ」などの2語文を話す。

(4) 運動技能の発達

1歳前後で、つかまり立ちできるようになった子どもが、1歳の前半で、2本足歩行ができるようになる。行動範囲も広がり、手を持ってもらうことで、階段の上り下りをいしたり、いすから飛び降りたりする。

(5) 環境との関わり

手先の器用さが増す。押す、つかむ、絵本をめくる、殴り書きをする等の探索ができるように見守っていく。音楽に合わせて体を自由に動かすことを喜び、大人から褒められると信頼関係が芽生えてくる。常に子どもの目線に立ち危険なものを除去するなどの配慮が必要である。

2　2歳児の特徴

(1) 情緒の発達

この時期は、自己中心的であり、大人から見ると利己的で、扱いにくいところが特徴である。子ども同士のトラブルも起きやすい。怒りの感情や傷つくという感情も出てくる。行動を制止されても理由が納得できると、感情のコントロールができるようになる。

(2) 社会性の発達

他の人と好んで接しようとし、会話も自由に行い、人間関係を広げようとするなど、このような社会性の発達により、人格も安定してくる。

自分の興味や関心がある物に対しては、繰り返し行うようになる。

同年代の子ども同士で未知の関心事を模倣から修得することもある。

(3) 知識・思考力の発達

独立心が増し、好奇心が旺盛になる。きょうだいや姉妹と同じ行動を

したがる。依存心が出てきて、救いの手を求めてくる。

　一人で、自らの世界を創り、ヒーローやヒロインになりきって「つもり遊び」ができる。言語能力も伸び始め、「ごっこ遊び」を好む。

(4) 運動技能の発達

　立って歩くこと、後ずさり、よく転ぶが走ることもできる。

(5) 生活習慣の発達

　食事は自分でできるようになる。睡眠時は自分の気に入った物を寝床の中に持ちたがる。排便では大便の粗相はほとんどなくなる。衣服の着脱も自らしようとする。

(6) 環境との関わり

　ボールを使って、取るまねをする。手先、指先も器用になり、積み木を積み上げたり、絵本をめくるのも上手になる時期である。子どもは信頼する大人に見守られ、時には厳しく、優しく見守られ、情緒を安定させて発達を遂げる。

第4節　3歳以上児の発達と環境

1　3歳児の特徴

(1) 情緒の発達

　自我の芽生えの時期であり、反抗するようになる。何でも母親に頼っていた時期を過ぎ、自立心が芽生える。基本は、信頼関係である。4、5歳児に比べると、母親への依存心はまだまだ強い。

(2) 社会性の発達

　友達を求めるようになり、同年齢の子どもを見かけると、近づいたり、じっと見たりする。3歳児は、近くで遊んでいても一人ひとりが自分のイメージで遊んでいる。日常生活を再現する「ごっこ遊び」を好む。

(3) 知識・思考力の発達

3歳児の知識欲は旺盛で、驚きや好奇心によって知的能力が育っていく。また、行動範囲の広がりと共に言葉を飛躍的に獲得する。助詞や接続詞を使い長い文章を話し始め、語彙数は800～1000語と言われる。理解できるのはその3倍であり言葉のやりとりがスムーズになる。

(4) 運動技能の発達

跳んだり、はねたり、三輪車に乗ったりするなどの、運動が活発になる。片足跳びができ、ウサギ跳びもできるようになる。「～しながら～する」というように2方向に注意を配った動作を同時に行うことができる。3歳になると弾みをつけて歩き、土踏まずができる要因となる。

(5) 生活習慣の発達

3歳児になると、体つきもしっかりし、食事や衣服の着脱、排泄など、身の回りのことができるようになる。

(6) 環境との関わり

友達の存在が大事になる「ごっこ遊び」を通して、日常生活や社会についてのイメージを意欲的に蓄え、想像力を豊かにして、ルールの必要性や自制心を学ぶ。生活習慣の確率には、いつでも甘えられる、認めてもらえるという大人との安心感が必要である。

2　4歳児の特徴

(1) 情緒の発達

想像力豊かで意欲的な時期であり、空想の世界を楽しみ、強いもの、かわいいものへのあこがれも出てくる。絵本や音楽を通して、イメージをふくらませ、さまざまな方法で表現しようとする。バランス感覚が豊かになり、さまざまな能力をためそうとする意欲がわき、体験しようとする。

(2) 社会性の発達

友達と一緒に遊ぶ楽しさが分かり遊びの輪にも積極的に関わり、ルールを作ったりして遊ぶ。友達とのふれあいが高まるにつれ、人の気持ち

を思いやり、がまんできたり、感情のコントロールができるようになる。ことばが自由に使えるようになり、共同的な遊びができるようになる。自我の確立から、競争心が起き、トラブルもしばしば出てくる。

(3) 知識・思考力の発達

4歳児は、日常の会話はスムーズに行うことができるようになる。言葉そのものに関心を持つ子が多く、大きい・小さい・高い・低いなど、対になる言葉を学んだりする。きょうだいの言葉の影響も大きい。

(4) 運動技能の発達

4歳になると、体は伸長期に入り、身体諸機能の分化が進む。体のバランスがとれ、リズムに合わせて行進したり、スキップや片足跳びに挑戦したりしようとする。手先に力が加わり、道具を手先でしっかり持ち使えることが、共同性の高まりと集中力、表現力の持続につながる。

(5) 生活習慣の発達

生活習慣の自立も確実であり、年少児に対して優しくしたり、欲しいおもちゃをがまんしたりする姿も見られる。

(6) 環境との関わり

4歳児は多様な活動をする時期であり、子どもの遊びの変化に応じて可変自在な環境を構成する必要がある。絵本や図鑑も種類多く、またさまざまな素材を準備することが期待される。

3　5歳児の特徴

(1) 情緒の発達

体験の積み重ねや知的成熟を背景として、情緒は細かく分化し、基礎的な発達を遂げ、落ち着く。自分の感情も抑制できるようになる。

(2) 社会性の発達

友達と共同的に遊び、「ごっこ遊び」では複雑な役割分担がなされ、組織内に仲間との信頼関係、協力という社会性の発達が見られる。

(3) 知識・思考力の発達

盛んに質問し、実際に試したり、確かめたりして、身近な環境に働きかけて物の性格を知る。知識が身についていく根底には記憶の力がある。4つの数字の反復が可能であり、時間の概念も獲得するようになる。

(4) 運動技能の発達

体のバランス感覚もでき、手先の動かし方も巧みになり、運動の発達段階としてはひとつの成熟期にあるといってよい。

(5) 生活習慣の発達

基本的生活習慣の自立を完成させ、それが、精神面における自信や独立心などにつながる。

(6) 環境との関わり

保育者は、グループ活動等を通して、個の育ちから集団への育ちへとつなぐよう援助することが必要である。次第に入学への期待が膨らむ言葉掛けも大事になる。年間を通した自然との関わりは、どの年齢にも必要なことである。

【引用・参考文献】

アドルフ・ポルトマン、高木 正孝(訳)『人間はどこまで動物か―新しい人間像のために』岩波書店、1961年

小田豊・山崎晃監修『幼児学用語集』北大路書房、2013年

財団法人幼少年教育研究所編『幼稚園事典』鈴木出版、1994年

中内敏夫編『現代教育学の基礎知識(1)』有斐閣、1982年

『幼稚園教育要領』『保育所保育指針』『幼保連携型認定こども園教育・保育要領』株式会社フレーベル館、2017年

余公敏子『教育・保育の原理―幼稚園・保育所・認定こども園の文化をはぐくむために』光生館、2017年

（余公敏子）

第5章 子どもと環境との関わり

第1節 「子ども」の視点から考える保育の環境

　ある清々しい秋晴れの日の園庭で、ふと見上げると空には飛行機雲が伸びていた。子どもたちに知らせようと、園庭にある築山に子どもたちを誘って一緒に登る。空の飛行機雲を指差しながら「飛行機雲長いね！今日は天気がいいし、風も気持ちいいな～」と声をかける。子どもたちは一瞬空に目線をやったが、すぐに遠くに見える町の景色を指差しながら「あ、あそこボクんちだよ！」「（よく行くスーパーを見つけ）あ、○○みっけ！」と楽しそうに話していた。

　筆者が幼稚園で4歳児クラスの担任していたときのエピソードである。子どもたちの意識は、自分たちの家や知っている建物に向けられており、まるで飛行機雲はその目に映っていないかのようだった。このとき私は、私と子どもたちの前に広がる風景は同じでも、目に映っているものは全く同じではないのだと感じた。

　平山は「人間にとって大切なのは、現実として存在する客観的な環境ではなく、認知された環境であり、生きていくにつれて、人や物、事象や現象などとのつながりが多様になり、その認知の対象が広がっていくことにある」［平山、2013］と述べている。冒頭の飛行機雲のエピソードからも分かるように、環境とは、そこに客観的にある（存在している）からといって必ずしも認識されるとは限らない。見る者（主体）のその時々の視点や興味・関心等によって、部分的に切り取られている。言い

換えれば、子どもに認識されていない環境は、環境として意味をなさないとも言える。「幼稚園教育要領」では、幼稚園教育の基本を「幼児期の特性を踏まえ、環境を通して行うもの」であるとしており、「保育所保育指針」でも、保育の方法として「子どもの生活リズムを大切にし、健康、安全で、情緒の安定した生活ができる環境や、自己を十分に発揮できる環境を整えること。」と環境を通した保育の重要性を示している。子どもは、環境に主体的・能動的に働きかけ、身の回りの人や物などと相互交渉する能力を有した「有能な学び手」であり、生活や遊びを通して身近な環境（人・物・自然・出来事・事象など）と出合い、繰り返し関わることで、経験的にものごとの性質や仕組みへの興味・関心を高め理解していくのである。

第2節　生活の主体者としての子どもと環境

1　子どもの生活と3つの間

　幼稚園教育要領には、幼稚園教育の基本として「幼児の主体的な活動を促し、幼児期にふさわしい生活が展開されるようにすること」とされ、幼児の主体性を重要視している。幼児教育・保育における主体性とは、自らの意志や判断で生活や遊びに意欲的に取組もうとする姿勢や態度のことである。園での生活や遊びは大人たちのためのものではなく、他ならぬ幼児自身のためのものである。保育者は、生活のさまざまな場面で幼児たちが主体性を発揮できるように環境を構成していくことが求められる。

　近年子どもの遊びや生活から喪失されたものとして、「3つの間」が指摘されている。すなわち「時間」「空間」「仲間」の3つである。ここでは、この3つの間の観点から幼児が生活の主体者となるために、保育者が留意すべき事項について考えていこう。

(1) 時間

　一般的に園での生活は、片付けや集まり、好きな遊びの時間、日課活動、一斉・設定保育の時間等と一日のスケジュールが時間で区切られている。スケジュール内容が占める時間の割合は各園によって異なり、好きな遊びの時間が一日の多くを占める園もあれば、一斉・設定保育の時間が多いという園もある。こうした一日の流れが毎日繰り返されながら、子どもたちの園での生活リズムがつくられていく。しかしながら、時に保育者は一日のスケジュールがスムーズに流れることを優先してしまい、半ば強制的に遊びや活動を切り上げてしまう場面も少なくない。多くの遊びに言えることだが、遊びや活動は時間の経過と共に徐々に楽しさが増していき、自分のイメージ通りにされることで、満足感や達成感を得て終わりに向かっていく。また、遊びの熱中度や盛り上がりのポイントは一人ひとり異なっている。子どもからすれば「今始めたばかりなのに」「もう少しで完成するところなのに」ということは多々ある。時間を一律に区切ることは、子どもの遊びの深まりにも影響する。子どもが満足感や達成感を十分に味わえるように、保育者は時間を柔軟に組み立てていくことが求められるのである。

(2) 空間

　園における空間を考える際には、そこが子どもにとって生活・暮らしの場になっているかどうかを考える必要がある。

　高山は「乳幼児の保育室の環境は、大人に準備する環境よりも『子どもだまし』の環境が多く見られる」[高山、2015]と指摘しているが、大人向けの部屋と子ども向けの部屋では、置いてある家具や小物、カーテンやカーペット等といったものは異なっている。そのため、それぞれの空間が持つ雰囲気やそこでの過ごし方は異なってくる。子どもの行動や遊びはその場の環境から影響を受け、方向付けられる。したがって保育における空間を考える際には、保育室をはじめとして園内の空間の醸し出す雰囲気も考慮しつつ、その空間で子どもにどう過ごしてほしいのか

という保育者の意図が込められていることが大切である。また、空間構成においても静と動の両方の視点があることを意識したい。例えば、子どもが少し疲れた時や気分がのらない時に一人きりで一息つける空間（隠れ家のようなスペース）があると気分が楽になることがある。大きな柔らかいソファに座って絵本を見ながら気持ちを落ち着かせたり休憩したりすることで、また次の遊びへの意欲が湧いてきたりすることもある。ある園では、ダンボールや布等を使って保育室の一角を仕切ったり、寝転がれるように畳やカーペットを敷いて、クッション等の柔らかい素材のものを置いたりしているところもある。さらに、壁面装飾も重要な環境の一つであるが、擬人化された可愛らしい動物などを画用紙で作り張ってある壁面製作を目にする。一方で、壁面全体に子どもの絵や作品が飾られ一つ一つ丁寧に手製の額縁に入れられていたり、一目見てこれまでの子どもの遊びがどう変化し、深まっていったのかが分るように、子どもの遊びや活動の発展に応じて日々更新され付け加えられていったりする壁面製作もある。その壁面が子どもにとってどのような意味を持っているのか、そこに保育者の意図が込められているかについて考えられていなければならない。

　空間とは、子どもが生活する場そのものである。空間が子どもの心と身体の成長や遊びの発展に大きく影響を与えるものであることを念頭に、子どもが主体的に過ごすことができる場を構成することが求められる。

(3) 仲間

　子どもは、自分とは違う他者との集団生活の中でさまざまな葛藤や悔しさ、悲しさを経験すると同時に、友達と一緒に遊ぶことの楽しさや心地よさ、認められる経験を重ねていく。そうすることで、他者との関わり方を学んでいくと同時に、自分らしさや自分を大切にする気持ち（自己肯定感）が芽生えていく。このような経験や関係性が基盤にあり、自分らしさや自分を大切にできる気持ちが十分に育っている子どもは、自信を持って自己発揮しながら友達を受け入れることができるのである。

そうした子ども集団は生活や遊びがより豊かで面白いものになっていく。保育者は、子どもの豊かな人間関係を築くために、さまざまな感情体験をすることが出来るようクラスの仲間関係をマネジメントしなければならない。また、多くの園では同年齢でクラスを分ける形態を取っているが、意図的に異年齢での関わりをつくることも、子どもの育ちにとって大切なことである。今日の家庭や地域では、異年齢の子どもと触れ合う機会の減少が指摘されている。かつては、近所の異年齢の子ども集団の中で、年長児は年少児の面倒を見ながら思いやる気持ちを持ち、反対に年少児は年長児の振る舞いや遊びの様子を見て真似したり、思いやりを向けられる経験をしたりすることで自分が年長児になったときに同じように小さい子に接するという相互的・循環的な仲間関係があった。異年齢の子ども同士が触れ合うことのメリットの一つはここにある。保育者は、生活や遊びの中で、子ども一人ひとりが主体性や自発性を発揮し、それを互いに認め合う関係性を築いていけるように、保育者との一対一の信頼関係を基盤にしながら、子ども同士をつないでいくことが最も重要な役割の一つであろう。

2 遊びの連続性と環境

また、遊びを考えるとき大切なことの1つに「遊びの連続性」という視点がある。「遊びの連続性」とは、今日の子どもの遊びと意識は明日、明後日というように日々連続してつながっているということである。子どもは楽しい遊びに出合ったときに「また明日も続きをしよう」と名残惜しそうに降園し、あくる日の朝には「はやく昨日の続きがしたい」と期待感を膨らませて登園してくる姿を見せる。子どもの遊びが一日一日で途切れると、遊びの発展や盛り上がりは見られない。保育者は、この遊びの連続性を踏まえ、遊びの続きがすぐに始めることができるように、環境を整えておく必要がある。そうすることで、子どもは主体性を発揮しながら、長い期間に渡って遊びを継続・展開させていくのである。

第 3 節　子どもの学びを深める保育環境

1　子どもの環境と学び―物的環境・人的環境

　子どもは、身近な環境と出合い触れ合う中で多様な経験を通した学びを深めている。子どもの生活は大きく3つの間によって構成されていることは前節で述べたが、一般的に園生活の環境は「物的環境」と「人的環境」の2つに分けることができる。

　「物的環境」とは、主に園内にある遊具や道具、玩具、遊びに使う素材や教材のことであるが、広くは園内に存在する物理的環境（自然環境も含む）全てを指す。保育者は、子どもが直接触れる物的環境について把握・熟知していることが求められるが、より大切なことは、どんな物を用意し配置するかということだけではなく、その物に対して子どもがどのように関わり、意味を見出しているのか捉えながら、選択や配置に保育者のねらいが込められていることである。

　「ある暑い夏の日、園庭で子どもたちは裸足になって泥遊びを楽しんでいた。保育者は、テラスの前に足を洗って上がれるように水を張ったタライを置いた。しばらく泥遊びをして、保育室の中に入ろうとした子どもがタライの中に足を入れると『わあ！　温かい！』『温泉になってる！』『今日は暑いからお湯になったね』と口々に言って驚きの表情を見せた」。

　この事例では、保育者はタライを陽が当たる場所に意図的に置いていた。日光で温まったタライの水は、子どもにとって面白い発見となり、気温と水との関係に考えを巡らせるきっかけとなっている。このように保育者は、子どもがさまざまな気付きをしながら不思議さや面白さを感じることのできる環境を考えることが大切である。子どもが繰り返しかかわり試行錯誤する過程で、物の色、形、大きさ、量等に注目し、気づ

くような言葉かけや工夫が必要である。そして、子どもが遊びのイメージを実現させるためにはどうすればよいか考え、工夫することが思考力の芽生えとなる。特に、自然物や自然体験の中には、多くの不思議さや面白さがある。水がスムーズに流れたり木の実が遠くへ転がったりするためにはどうすればよいか、ごちそうづくりでは水と砂の分量はどれぐらいが丁度良いか、動植物が育つサイクルはどのようなものか、四季の移り変わりと共に自然はどう変化していくのか、遊びや生活の中に子どもの不思議と気付きを引き出す物的環境を意識したい。またその際は、保育者に逐一許可を貰わないと使えない物やその場に保育者がいないと成立しない遊びは、子どもが主体的、意欲的に関わりにくく、その後の発展は望めないということも留意すべきである。

「人的環境」とは、保育者やクラス内外の友達をはじめ、地域や近隣住民など、子どもの園生活に関わる人々のことである。前節でも述べたが、子どもは他者との関係性の中で生きている。そのため保育者は、子どもが豊かな人間関係の中で、多様な気持ちを経験することができるようにする必要がある。また、幼稚園教育要領では教師（保育者）の役割として「教師が多様な関わりを持つことが重要であることを踏まえ、教師は、理解者、共同作業者などさまざまな役割を果たし、幼児の発達に必要な豊かな体験が得られるよう、活動の場面に応じて、適切な指導を行うようにすること」と述べられている。子どもは周囲の環境に関わる中で多くの発見や心が動かされる体験をしているが、そのときに子どもが感じたことを横並びの同じ目線で共有・共感してくれる他者の存在が重要である。レイチェル・カーソン（Rachel Carson　1907～1964）は、子どもがセンス・オブ・ワンダー（神秘さや不思議さに目を見はる感性）をもち続けるためには、「喜び、感激、神秘などを子どもと一緒に再発見し、感動を分かち合ってくれる大人が少なくとも一人そばにいる必要があります。」と述べているが、幼児期の体験を通した学びにおいて、この人的環境の視点は欠かせないものである。

2 子どもと創り上げていく保育の環境

　環境構成とは全て保育者のみが行うものではない。保育の環境とは、子どもと保育者の応答的なやりとりの中で絶えず更新されていくものである。時間の区切り方、物の配置や選択、遊びの内容や材料、係りや当番活動、壁面装飾等において、どれほど子どもの意思が反映された環境になっているだろうか。保育者は、子どもが園生活で何か困ったり、必要感に迫られたりした瞬間を見逃さず、解決策や選択を子どもに委ねることも大切にしたい。そのために必要に応じてクラスで話し合いの場を持つなどしながら子どもたちの願いや要求を聞き、共に解決策を考えていくことのできる場や時間を保障したい。そのときに保育者は、共に生活する対等な仲間として、子どもの声に耳を傾け、発言をする。このことは単に子どもの主体性や意思を尊重することにとどまらず、これから先の自分自身の生活を自らの手でより良くしていこうとする姿勢を育むことでもあり、さらには民主的な態度を育むことにつながっていくのである。

【引用・参考文献】
　高山静子『環境構成の理論と実践』エイデル研究所、2014年
　日本保育学会編『保育学講座3 保育のいとなみ─子ども理解と内容・方法』
　　東京大学出版会、2016年
　平山許江『領域研究の現在〈環境〉』(幼児教育知の探求シリーズ17) 萌文書
　　林、2013年
　レイチェル・カーソン、上遠恵子訳『センス・オブ・ワンダー』新潮社、1996年

（二子石諒太）

第6章　自然に親しむ − 生命の尊さ

第1節　自然とは

　幼稚園教育要領や保育所保育指針、幼保連携型認定こども園教育・保育要領の領域「環境」には「生命の尊さに気づく経験」に類する記述がある。この章では自然や生命の尊さについて考えてみたい。

1　自然について考える

　この地球が現在のような形になるまでには、46億年もかかったと言われる。みなさんは、地球の「自然」というキーワードから何を思いつくだろうか？

　自然という言葉の意味を調べてみると、広辞苑には「おのずからそうなっているさま。天然のままで人為の加わらないさま。あるがままのさま」と明記されている。しかし、私たちが日常会話で使用する自然という言葉は「人間以外の生きもの（動植物など）」の意味合いで使用することも多い。

2　自然に親しむ効果

　レイチェル・カーソン（Rachel Louise Carson、1907〜1964）の『センス・オブ・ワンダー（The Sense of Wonder）』には、大変興味深いことが明記されている。「ロジャーがここにやってくると、わたしたちはいつも森に散歩に出かけます。そんなときわたしは、動物や植物の名前を意識的に教

えたり説明したりはしません。ただ、わたしはなにかおもしろいものを見つけるたびに、無意識に喜びの声をあげるので、彼もいつの間にかいろいろなものに注意を向けるようになっていきます。」「あとになってわたしは、彼（ロジャー）の頭の中に、これまでにみた動物や植物の名前がしっかりときざみこまれているのを知って驚いたものです。」とある。

　私たちが自然に親しむとき、知らないことはたくさんある。その際に興味・関心が高まる発見が多くある。その体験を通して子どもたちは、興味・関心がいつの間にか知識として身についているということである。自然体験を難しく考えている大人は多いが、レイチェルのように、子どもの驚きや発見に共感するだけでいいのだ。さらに少し加えると、危険な動植物を知っていることは、自分たちを危険にさらすことがない。

3　乳幼児期における自然の役割

　幼稚園教育要領や保育所保育指針、幼保連携型認定こども園教育・保育要領には、以下のようなことが明記されている。

　幼稚園教育要領では、第1章総則の第2　幼稚園教育において育みたい資質・能力及び「幼児期の終わりまでに育って欲しい姿」(7) 自然との関わり・生命尊重で「自然に触れて感動する体験を通して、自然の変化などを感じ取り、好奇心や探究心を盛って考え言葉などで表現しながら、身近な事象への関心が高まるとともに、自然への愛情や畏敬の念をももつようになる。また、身近な動植物に心動かされる中で、生命の不思議さや尊さに気付き、身近な動植物への接し方を考え、命あるものとしていたわり、大切にする気持ちをもって関わるようにする。」また、環境の2　内容でも「(5) 身近な動植物に親しみを持って接し、生命の尊さに気付き、いたわったり、大切にしたりする」と明記されている。

　保育所保育指針では、身近な環境と関わりに関する領域「環境」の(ウ) 内容の取り扱い「②身近な生き物との関わりについては、子どもが命を感じ、生命の尊さに気付く経験へとつながるものであることから、

そうした気付きを促すような関わりにすること」とある。

幼保連携型認定こども園教育・保育要領においても環境の3　内容の取り扱いで「(2) 身近な生き物との関わりについては、園児が命を感じ、生命の尊さに気付く経験へとつながるものであることから、そうした気付きを促すような関わりとなるようにすること」とある。

すべてにおいて、表記の方法は異なるが同じように自然の経験と生命の尊さについてしっかりと記されている。

つまり、保育園や幼稚園、認定こども園の環境設定により、自然を通して幼児に与える命の考え方への影響は大きい。

4　保育所や幼稚園、認定こども園においての自然の考え方

「私たちの園は都心部にあり、自然がないのです」といわれる先生方がいる。自然は作ることができないと考えているのだろう。しかし、先にも書いたとおり自然には「人間以外の生きもの（動植物など）」の意味合いも多くある。例えば、園の入口に置かれたプランターに花があるだけでも自然と言える。そこに昆虫が花の蜜を吸うために飛来する。そして、その昆虫を狙う生き物が寄ってくる。すると、設置したプランターにも自然ができる。

5　ビオトープのすすめ

財団法人日本生態系協会によると、ビオトープ（Biotop）とは、その地域に昔から住むさまざまな野生の生きものがくらすことができる自然のことで、草地や沼地、隣地、砂浜、干潟などのひとまとまりの空間を指すと記されている。そのため、ビオトープという用語は人工的に作り出したものだけではなく、自然に野生生物が循環できている環境にも使用できる。

また、ビオトープを人工的に作る場合、大きなものをイメージし、設置を断念することもあるだろう。その際にお勧めしたいのがミニビオ

トープである。コンクリートパレットを利用すれば比較的安価でしかも設置しやすい［山田、1999］。

　時々、ビオトープという言葉が誤用されていることもある。それは、園庭に池があり、そこに外来種のコイやキンギョ、カメなどを放している。これらの動物は、この地域に生息する野生生物ではない。そのため、ビオトープとは言えない。

6　外来種について

　幼稚園や保育所、認定こども園で自然を考える際に忘れていけないことがある。それは、外来種問題である。環境省は、日本の外来種対策についてホームページを開設している。特に近年耳にするのは、通称ミドリガメで知られるミシシッピアカミミガメ（ヌマガメ科）が池や川に大量に生息しているという問題だ。飼育していた人の多くは、カメが大きく生長し飼育できないため、かわいそうだから自然に返してあげようと考える。この川や池に逃がすという優しい気持ちが外来種問題を大きくしている。ミシシッピアカミミガメは、大きくなると体長約30cmになり、およそ20年

ビオトープ

近くの寿命がある。食性の幅が広く、池にメダカやカエルなどの在来種が生息していれば、食べられる危険性がある。飼育動物を選ぶ際には、成体になったときの大きさや寿命をしっかり把握しておく必要がある。似たような例は、栽培植物のホテイアオイ（ミズアオイ科）でもある。外来種問題は、保育・幼児教育でも今や他人事ではない。

第2節 命の尊さについて

1 園における飼育活動

(1) 飼育活動で得られる経験

昆虫を含む動物の飼育する経験で得られることは、何か？ 飼育する際には、生きものに餌を与えたり、糞を掃除したり、ケージをきれいにするなど生息環境を整える責任が生じる。それと同時に、子どもが生まれたり、死に直面したりとうれしいことや悲しいことにも直面する。

(2) 飼育されている動物

全国の幼稚園、保育所で飼育されている動物は、以下の通りである[照屋ほか、2004]。

小動物：ウサギ、ニワトリ（チャボ）、カメ（ミドリガメなど）、カエル
※全国学校飼育動物研究会では、小動物としてウサギとチャボを推奨している。
　昆　虫：カブトムシ、クワガタムシなど
　淡水魚：キンギョ、メダカ、グッピーなど
　その他：ザリガニ、カタツムリなど

これらの結果より、上記の動物に関しては多くの保育所や幼稚園、認定こども園で飼育している可能性がある。上記の動物に関しては、飼育方法を把握しておく必要がある。

2 園における栽培活動

(1) 栽培活動で得られる経験

野菜や花を栽培する経験で得られることは、何か？ 一番大きな世話は、水を与えることである。もちろん、肥料を与えたりすることもある。それらの経験を通して、植物から芽がでて、つぼみが付き、花が咲く、

結実するなどの貴重な体験をする。また、種を収穫し、その種をまくと芽が出るという命のつながりを体験できる。野菜は、食するとこで命のありがたさを感じることができる。さらに、苦手意識も克服でき食育活動にもつながる。

(2) 栽培されている植物

全国の保育園、幼稚園で栽培されている植物は、以下の通りである［照屋、2004］。

　　観察や遊びに利用する植物：アサガオ、ヒマワリ、ホウセンカ
　　食べるための植物：トマト（ミニトマト）、ニンジン、ジャガイモ

上記の植物は、日本各地の保育所や幼稚園、認定こども園で育てられている可能性がある。そのため、栽培方法は覚えていたい。

第3節　生命とは

生命は生きる命と書いている。生きる命はなぜ尊いのか。この経験はぜひ幼少期に経験してほしいと切に願う。実際に私が学生から聞いた話を書く。

ある学生が幼少期の頃である。アオムシ（モンシロチョウの幼虫）がアブラナにたくさんいて、とても可愛かった。毎日のように触っていたが、ある時、持って帰りたいという気持ちになった。その子は、ポケットの中にアオムシを入れて持ち帰った。そして、家に帰ってアオムシをポケットから出すと潰れて死んでいた。そのとき「かわいそうなことをした」と気がついたと話をしていた。

この話の通り、学生にとって心に残る嫌な経験だっただろう。また、なぜこのような結果になったか自分で気がつく。生きていたアオムシが潰れて死んでしまった。そのとき、命について考えたのだろう。この体験が、命の尊さについて考えることにつながるだろう。この子にとって

は、アオムシの死から多くのことを学んだに違いない。

　私たちが普段食している食べ物の多くは、命ある生き物である。それが、加工され、料理されて出てくる。私たちはその経験を理解しにくい。しかし、私たちのために生きた命を加工する仕事もある。私たちは、命についてしっかり考える必要がある。そのためにも、乳幼児期から生き物に親しみながら、命の尊さを経験できる場を保育園や幼稚園、認定こども園で設定して欲しい。

　そして、飼育や栽培は、生や死と出合うこともあり子どもたちにとって心に残るような貴重な体験ができる場でもある。誕生や発芽、死や枯死、これらの体験は、子どもの成長にとってとても大事なことだろう。

　以下、沖縄県うるま市にあるコスモストーリー保育園の事例である。

＜事例＞　思わぬ来客（3歳児クラス、2017年6月）

　畑で野菜を収穫したYさんとMさん。Yさん「あっ」と駆け寄ってしゃがみ込みました。そこにはきれいな色をしたカメムシ（ナナホシキンカメムシ）。2人ともじーっと観察するものの手は出ません。「可愛いね〜、二人のところに遊びに来たんじゃない？　触ってみたら？」と言葉をかけると「可愛い〜、けど毒があるかもしれないからこわい…」とのこと。そこで、保育士が手に乗せてみるとYさんも触りたいと興味を示しました。保育士の指先からYさんの指先にカメムシが移動すると「くすぐったい」とうれしそうでした。それを見てMさんも指を近づけます。カメムシがMさんの手に移動するとふふふっと笑います。保育士の指先からYさんの指先にカメムシが移動すると「くすぐったい」とうれしそうでした。それを見てMさんも指を近づけます。カメムシがMさんの手に移動するとふふふっと笑います。「キンキラ虫」と名付けてクラスに持ち帰るとにおいが臭いことや、足の色が違うことに大はしゃぎ。他の友達も「おれたちもさがしてくる」と勇ましく去って行きました。

　そのあと、カメムシの足が切れていることに気がついたMさん。Yさん

と話し合って、逃がしてあげることにしました。「もう誰にも見つからないところがいいよね」と2人で話し合い。園庭のいろいろな場所を探し、最終的に門の方へ。「もう誰にも捕まらないで」や「元気になったらまた来てね」と優しく話している姿に心温かくなりました。これから実際の虫と図鑑を照らし合わせる楽しさや虫の扱い方、命の尊さにも気づけるように見守っていきたいです。

カメムシに集まる子ども

　多くの人は、カメムシは臭いというイメージを持っている。しかし、自然の中に生きているカメムシでも、子どもたちの興味・関心は高まるのである。そして、命の尊さもしっかり自分たちで身につけることができる。生きものに触れる経験は命の尊さを知る上で大切な活動である。

　（写真：筆者提供）

【引用・参考文献】

照屋建太「沖縄県の保育所（園）における身近な自然環境に関する研究（2）－保育環境としての栽培植物」『沖縄キリスト教短期大学紀要』33、2004年、PP.127-136

照屋建太・喜友名静子「沖縄県の保育所（園）における身近な自然環境に関する研究（1）－保育環境としての飼育動物」『沖縄キリスト教短期大学紀要』33、2004年、PP.115-125

日本生態学会編『外来種ハンドブック』地人書館、2002年

山田辰美編『ビオトープ教育入門―子どもが変わる学校が変わる地域が変わる』農山漁村文化協会、1999年

レイチェル・カーソン（上遠恵子訳）『センス・オブ・ワンダー』新潮社、1996年

（照屋建太）

第7章　数量や文字などへの興味

第1節　乳幼児にとっての数量・図形・標識や文字

　バーバラ・ロゴフ（Rogoff Barbara）が指摘するように、人間は、社会文化的な営みの中で、その影響を受けながら育まれる。日本における乳幼児は、愛着のある養育者との生活の中で（その状況に置かれない場合もあるが）、数量や文字に触れながら発達していく。例えば、数量に着目すると、乳児は母乳やミルクを飲みながら、養育者から「おなかいっぱい飲んだの？」「もう少し（の量を）飲むの？」など、量に関する質問を語りかけられる。あるいは、乳幼児がお風呂に入ると、「10数えたら上がりましょうね」と、数を数えるように言われる。まだ数を知らない年齢であっても、養育者から「1、2、3…」と、声をかけられる場面がある。また家庭に積み木を備えている場合、図形や空間を認識する機会が増える。そして文字に関しては、乳児の頃から、ブックスタート活動などで、絵本に触れる機会も多い。生活の中には、カレンダーに書かれた数字や文字、手紙や新聞紙、テレビなどがあり、文字に触れない日はない。養育者と散歩に出れば、道路標識や横断歩道、看板があり、その意味が分かる前から、「青になったら手を挙げて渡ろうね」など、何度もその意味を伝えられる。そのことで標識は、生活と無関係の断片的な知識ではなく、生活の中で必要なものとしての意味を持つようになる。このように乳幼児の日常の生活や遊びの中に、当然のように数量や図形・標識・文字がある。乳幼児は生活における必要感から、

愛着のある養育者の援助の下、それらに興味・関心をもって主体的に関わることで、感覚を身につけていく［中沢、1981］。

第2節　保育実践における数量認識の指導

　では保育の場面では、どうだろうか。ここでは特に数量について考えてみたい。小学校では、教科書を通して、算数という教科目を中心に、体系的で系統的に、数量や図形を学んでいく。このことをフォーマル算数と呼ぶ。一方、保育では、日常の生活や遊びを通して、具体的に数量や図形と接しながら学んでいく。このことをインフォーマル算数［丸山・無藤、1997］と呼ぶ。インフォーマル算数は、数量や、平面・立体図形、空間、時間などの概念と操作に関する広範囲な知識を含む。その基礎となる知識は、「大人が乳幼児に豊かな経験の場を与え、その状況と彼らの心の動きを適切に表現する言葉を使用する」［丸山・無藤、1997］ことで獲得されていく。一般的に、乳幼児の数概念は、5歳半以降に獲得すると言われている。例えば「100まで数を唱えられて得意になっていた幼児が、おやつのクッキーをみんなに5つずつ配ることに戸惑う姿があるように、本当の意味で数を理解できているわけではない」［お茶の水大学、2004］のである。乳幼児は、給食を配ったり（1対1対応）、遊び道具を片づけたり（分類）、積み木を大きさの順に並べたり（順列）、泥団子を大小に分けたり（大小の分類）、背の高さの順に並んだり（高低の順列）、具体的な数量を考える生活経験の中で、数量概念を発達させていくのである［お茶の水大学、2004］。

　榊原は、東京都にある私立幼稚園の調査から、保育者が保育場面で、どのような数量についての教育を行っているのか調査をしている。その調査を通して、数量のためだけの教材を取り扱った指導をする園は少なく、日常の生活や遊びの中で、「埋め込み型」の教育をしているという

図表7-1　保育者主導の活動における数量活動の例

活動の種類	活動内容	数量行動の例
Ⅰ　設定活動		
歌	歌を歌う	数え歌／数を身体で表現する
製作	製作の準備をして、作品を作る	グループの人数調整／作品の数・大きさ・形の確認／材料の数・形の確認
読み聞かせ	保育者が絵本・紙芝居を読み聞かせる	登場する人や物などの大きさを比較／数を数える
―省略―		
Ⅱ　日課活動		
出席ノート	出席ノートにシールを貼る	出席ノートのカレンダーにシールを貼る
出欠の確認	出欠の確認をする	クラスの人数から欠席数を減算する
活動予定の確認	活動の日時、内容の確認をする	昼食の開始時間を時計で説明する
―省略―		

出典：「榊原、2014」を基に作成

[榊原、2014]。**図表7-1**は、どのような数量の指導を行っているかについて、5歳児を対象とした榊原の調査結果を「Ⅰ設定活動」と「Ⅱ日課活動」に分け整理をしている（一部抜粋）。数量に特化した教材を使わなくとも、実に多様な活動の種類の中で、乳幼児の数量感覚を磨く関わりを行っていることが分かる。

図表7-1を具体的にイメージしてみよう。「Ⅰ設定活動」では、例えば、保育者が、3歳児に『きょだいな　きょだいな』[長谷川、1998]を、読み聞かせしたとする。一般的に、3歳児は、3までなら数えることができるといわれている。しかし、「こどもが100人やってきて　ピアノのうえで　おにごっこ」という場面では、本当に100人いるのだろうかという好奇心をもつ。3歳児は間違えつつも、友達の協力や保育者の援助を受けながら、クラス全体で子どもの絵が100人あるかどうか数え始める。

「Ⅱ日課活動」の出欠確認について、例えば、3歳児では、保育者から「今日のお休みは、Aさんと、Bさんだね。(指を立てながら) AさんとBさん、何人お休みかな」と問われると、「2人」と答える。5歳児では、「今日のお休みは、Aさんと、Bさん、2人だね。いまから、すてきなプレゼントを配りたいんだけど、いまいるお友達は全部で何人いるかな」と問われると、いつものクラスの人数から、欠席者を引いた、減算をしようとする。このように年齢に応じた保育者の問いかけによって、数に関する生活経験を積み重ねることができ、認識を深めていくのである。

第3節　保育実践における文字認識の指導

　次に、文字の認識について考える。数量以上に、保護者は、わが子の小学校への就学を意識したとき、文字指導の必要性を感じる場合がある。幼稚園や保育所でも、小学校への接続を意識して、年長児の1月から3月までは、文字指導を行うところも少なくない。内田の調査によると、4・5歳児の読み書きは、1995年より2008年の方が得点が高くなっており、5歳児に限定すると、8割以上の子どもが、70〜71文字を読める結果となっている。家庭でのしつけについては、強制型のしつけのもとでは、読み・書きの得点が低くなっているという。幼稚園や保育所では、保護者のニーズを受け止めながらも、文字の形をドリル形式で訓練させるのではなく、乳幼児の生活や遊びにおける必要感を大切にした実践を行っている。それは文字を、人間が創り出した生活を豊かにする様式である文化として、乳幼児に獲得させようとしているためである。

　文字には、情報を得る役割と、自分の思いを伝える役割がある。以下では、生活場面と、遊び場面において、乳幼児が文字の2つの役割の必要性を実感し、文字が使える生活の便利さや、遊びの中での楽しさを存分に味わう実践について見ていく。

生活の面から考えてみよう。乳幼児が最初に認識しやすい文字は、自分の名前である。乳幼児の持ち物や園のロッカーなどには、大人がひらがなで子どもの名前を表記している。まだひらがなの認識ができない年齢では、ひらがなの名前に好きな動物や乗り物などの記号を合わせてつけている。乳幼児は、そのひらがなや記号を見ることで、自分のものと他人のものを区別している。また、ひらがなの理解がすすんだ年長児クラスになると、一日のスケジュールが、黒板やカレンダーに文字と絵で示されている場合もある。このことで、子どもたちは見通しを持って生活をすることができる。つまり文字は、生活に欠かせないもの、便利なものという経験を積み重ねることで、文字の必要性や、文字を理解したいという意欲を持つようになる。

　次に、遊びの面から考えてみよう。まず、絵本との触れ合いがある。幼児は、大人から読んでもらった絵本の物語を覚え、まだ文字が読めない段階から、絵を見ながら物語を語る遊びをする。そして絵本を読み聞かせるという行為に憧れを抱き、年下の乳幼児に読み聞かせをしようとすることもある。このような経験を積み重ねることで、徐々に絵本の文字を読むことができるようになる。また、手紙のやり取り遊びは、文字を遊びの道具として認識し、文字の文化を共有したいという気持ち（動機・意欲）を育てる機会となる。まだ字の書けない幼児でも、独特な記号のようなものを文字に見たてたり、絵で表現したりして、手紙を書きたいという気持ちを表す。保育者が、幼児の気持ちを聞き取り、薄く下書きをし、それを幼児がなぞるという適切な援助によって、字に苦手意識を持つ幼児も達成感を得ることができる。その前提として、保育者は、乳幼児の手指の発達が、文字を書くことができる段階なのかどうかを把握しておく必要がある。さらに、お店屋さんごっこでは、自分たちが作った商品に、商品名や値段をつけたり、看板をつくったりすることで、楽しさを味わう。文字を使うことで、本格的な店舗になるという楽しさを経験することが、さらに文字への興味関心を高めることにつながるのである。

第4節　数量や文字認識を促す教材について

　乳幼児が数量や文字に触れる機会は、自由遊び（自由保育）の場面でも、設定保育の場面でも、保育者の適切な援助によって保障することができる。その際に、乳幼児が興味関心をもつ教材（教具や遊具）を準備しておくことで、集団でも、1人でも、乳幼児が取り組みたいと思った時に、認識を促すきっかけにすることができる。教材例としては、数量については、おはじき遊び、サイコロやすごろく、積み木、パズルなどが考えられるが、低年齢児では、水遊びや色水遊び、砂場遊びなどが、量について認識する機会となる。少ない・多い、軽い・重いという量の認識が、数の認識の基礎になる。

　文字については、カルタ、文字カード、言葉や文字をテーマにした絵本・紙芝居などが挙げられる。一般的に、文字を認識するためには、音節分解（ある単語を音節に分ける）と音韻抽出（ある単語の音節を取り出す）ができる必要があるため、語頭や語尾に注目するしりとり遊び（言葉のやり取り、または教材作成）が取り入れられている。また、文字を書くためには、細かい動きのできる手指の発達が必要であるため、手指の発達が十分になるまで、ひらがなはんこを使って、手紙を書く実践も行われている［内田、1990］。

第5節　教育要領、保育指針等における数や文字などの位置づけ

　このような保育実践は、幼稚園教育要領や、保育所保育指針、認定こども園要領の規定に沿って行われている。平成29年度に改訂された新要領、新指針、新認定こども園要領では、共通して、「幼児期の終わりまでに育ってほしい姿」の「(8) 数量や図形、標識や文字等への関心・感

覚」で「遊びや生活の中で、数量や図形、標識や文字等に親しむ体験を重ねたり、標識や文字の役割に気づいたりし、<u>自らの必要感に基づき</u>これらを活用し、興味や関心、感覚をもつようになる」となっている（下線は筆者）。新要領の領域「環境」では、「1 ねらい」「(3) 身近な事象を見たり、考えたり、扱ったりする中で、物の性質や数量、文字などに対する感覚を豊かにする」とされ、「2内容」「(9) 日常生活の中で数量や図形などに関心をもつ」「(10) 日常生活の中で簡単な標識や文字等に関心をもつ」とされている。「3内容の取扱い」では、「(5) 数量や文字などに関しては、日常生活の中で<u>幼児自身の必要感に基づく体験を大切にし</u>、数量や文字などに関する興味や関心、感覚が養われるようにすること」と述べられている（下線は筆者）。つまり、単調な訓練として数量や文字等を指導するのではなく、「日常生活の中で幼児自身の必要感に基づく体験」を通して、指導することが規定されているのである。この位置づけは、戦後の要領、指針で一貫している。そのため日本における数量や文字の指導は、日常の生活や遊びの中で、「埋め込み型」の教育をする保育内容文化が中心となっていると考えられる。

　また新指針において、3歳以上児では、上述の新要領と同じ記述がなされている。一方、今回新しく加わったのは、乳児保育と1歳以上3歳未満児の保育に関わるねらいおよび内容である。乳児保育のねらいおよび内容では、数や文字そのものについては直接触れられていない。しかし乳児保育の場合、「ウ身近なものと関わり感性が育つ」の「(イ) 内容」「②生活や遊びの中で様々なものに触れ、音、形、色、手触りなどに気づき、感覚の働きを豊かにする」ことが、数や文字を認識していく基礎と位置付けられている。そして1歳以上3歳未満児では、「(イ) 身の回りのものに触れる中で、形や色、大きさ、<u>量などの物の性質</u>や仕組みに気づく」「④自分の物と人の物の区別や、場所的感覚など、環境をとらえる感覚が育つ」となっており、特に「量」について記述されている（下線は筆者）。このように、年齢に応じて、直接的な身の回りの生活

経験を保障することが、数量や文字の認識を深めていくと記述されているのである。この意味でも、低年齢から、豊かな生活経験を保障することが、数量や文字の認識につながっていくと考えられている。

　以上、見てきたように、乳幼児の数量や文字指導において重要なことは、乳幼児の生活や遊びにおける必要感を大事にすることである。乳幼児自らが、数量や文字をもっと使いたい、もっと知りたいと思うような環境構成や、保育者の言葉かけが重要である。そのことで、単なる記号としてではなく、生活の中で意味のある数量や文字の認識につながるのである。

【引用・参考文献】

内田伸子『子どもの文章－書くこと・考えること』(シリーズ人間の発達)東京大学出版会、1990年

お茶の水大学子ども発達教育研究センター編『幼児教育ハンドブック〔1〕～2』お茶の水大学子ども発達教育研究センター、2004年、PP.108

加藤義信編『資料でわかる認知発達心理学入門』ひとなる書房、2008年、PP.134-150

榊原知美「5歳児の数量理解に対する保育者の援助」日本保育学会『保育学研究』52（1）、2014年、PP.23

中沢和子『幼児の数と量の教育』国土社、1981年

長谷川摂子作・降矢なな絵『きょだいな　きょだいな』福音館、1988年

丸山良平・無藤隆「幼児のインフォーマル算数について」『発達心理学研究』(第8巻、第2号)、日本発達心理学会、1997年、PP.98-110

（東内瑠里子）

第8章　生活と関係する行事・文化

第1節　生活と関係する行事

園に関わる行事について

(1) 行事指導の意義

　幼稚園教育要領第1章第4の3「指導計画の作成上の留意事項」(5)のなかで、行事の指導について次のように書かれている。

　「行事の指導に当たっては、幼稚園生活の自然の流れの中で生活に変化や潤いを与え、幼児が主体的に楽しく活動できるようにすること。なお、それぞれの行事についてはその教育的価値を十分検討し、適切なものを精選し、幼児の負担にならないようにすること。」

　行事は、園生活の単調な生活に変化や潤いを与え、豊かな経験や体験ができる大切な教育活動である。また、子どもたちが主体的に楽しみながら、成長・発達できるように行うことが大切である。行事を行う際には、その教育的価値について十分に検討する必要がある。例えば、運動会やお遊戯会などを経験することで、子どもたちは保育者や仲間との信頼関係を形成し、この園にいる喜びの気持ちを抱くことができる。行事の準備や練習をしていく中で、子どもたちの行動に自主性や責任感が見られるようになる。また、友達への親しみや思いやりの気持ちを育むなど、行事は幼児の発達を助長する上で重要な役割を果たしていく。

　保育に行事を取り入れることで、行事を行うことやそれに向かう過程

において、子どもの体験をより豊かにすることができ、育ちに結びついていくのである。

   (2) 行事の種類

　幼稚園や保育所は1年を通じていろいろな行事にあふれている。季節を感じる行事、日本の生活文化を伝える行事、異文化に触れる行事、地域に根づいた行事、節目・成長を感じる行事などがある。これらをまとめると、幼稚園・保育所の行事は、①伝統的行事、②儀式、③催し物として行うもの、の3つに分けられる。

　伝統的行事には、子どもの日、七夕、もちつき、豆まき、ひな祭りなどがある。儀式には、入園式や卒園式、催し物として行うものには、運動会や生活発表会などがある。図表8-1は、園で取り組まれることの多い月ごとの行事である。

　最近では、各家庭において、日本に古くから伝わる伝統行事を経験する機会が少なくなってきた。例えば、庭先でこいのぼりを見る機会も減

図表8-1

月	行事名
4月	入園式・始業式・歓迎会・遠足・家庭訪問・観劇会
5月	運動会・種まき・散歩・母の日・親子遠足・保護者会
6月	歯科検診・野鳥観察・保育参観・父の日
7月	七夕まつり・プール遊び・終業式
8月	野菜の収穫・夏季保育・お泊り保育
9月	始業式・敬老の日
10月	散歩・バス遠足・個人面談
11月	収穫祭・焼き芋会・生活発表会
12月	クリスマス会・お店屋さんごっこ・終業式
1月	始業式・お正月遊び・もちつき大会
2月	豆まき・なわとび大会
3月	ひな祭り・お別れ会＆進級を祝う会・終業式・卒園式
毎月	誕生会・身体測定・避難訓練

出典：［嶋崎博嗣、2010年］を基に作成

り、ひな祭りにひな人形を飾る家庭も少なくなった。伝統行事を体験することは、現代に生きる子どもたちにとって貴重な経験となる。伝統行事を園で取り入れることによって、日本の伝統を後世に受け継ぐことが期待できる。幼稚園・保育所が、日本の文化伝承に大きな役割を担っているのである。

　伝統行事を園行事として取り入れる場合、意味や由来、内容や歴史、子どもたちに伝えたいこと、遊びへの展開などの基礎知識や技術を保育者がしっかりと理解しておくことが大切となる。**図表8-2**は、日本の代表的

図表8-2

行事名	月日	内容
こどもの日 （端午の節句）	5月5日	男の子の節句とされ、男の子のいる家庭では成長を願ってこいのぼりや兜（かぶと）、五月人形を飾る。また、柏餅やちまきを食べる。5月5日は「こどもの日」として国民の祝日となり、1951年には児童憲章が定められた。
七夕	7月7日	日本と中国の風習が一緒になって、心身を清めた人が笹竹を立て、願い事や歌を書いた5色の短冊を結びつけ、翌日に笹竹についた心身の穢（けが）れを洗い流すという七夕送り、七夕流しという風習が生まれた。現代では、笹竹に短冊や飾りをつけて、牽牛星（けんぎゅうせい）と織女星（しょくじょせい）が会うことができるように願うことが多い。
十五夜 （お月見）	旧暦 8月15日	この日の夜の月は中秋の名月といわれ、月を鑑賞するとともに、収穫期を前にして収穫に感謝する意味合いがあった。月見団子とススキを供えるというのが一般的に知られている。
七五三	11月15日	3歳の男の子と女の子、5歳の男の子、7歳の女の子が氏神や神社にお参りして健やかな成長と健康を祈る行事。
節分	立春	節分という言葉は季節の分かれ目を意味しており、冬と春の分かれ目にあたる。家から悪霊や災難を追い払うために豆をまく。その豆は福豆といって、節分の夜に歳より1つ多く食べる。
ひな祭り （桃の節句）	3月3日	上巳（じょうし）の節句、弥生の節句と呼ばれ、女の子の健康と成長を祝うお祭り。中国から伝わった上巳の行事と日本の払えの行事が結びつき、現代ではひな人形を飾る。

出典：［佐々木由美子、2017年］を基に作成

第8章●生活と関係する行事・文化

な伝統行事についてまとめたものである。基本的な事柄は覚えておきたい。

(3) 行事指導の留意点

　保育者は、子どもたちが楽しく、なおかつ成長・発達できるような行事となるよう、保育内容を創意工夫する必要がある。保育者自身が行事を楽しむとともに、子どもへの声掛けや励ましによって、子どもが安心して行事に参加できるような雰囲気を整えていきたい。また、各行事にはねらいを設定し、ただ行事をこなすのではなく、ねらいに向けた準備や計画、内容の精選、支援や援助が大切である。行事のねらいに対して、満足な結果を残すことができなくても、本番までに一生懸命に活動できた過程に目を向けていきたい。行事を通して、子どもたち一人ひとりの心の中には、行事をやり遂げた満足感や達成感が育まれているのである。

　園行事は保育方針に沿って年間の指導計画に組み込まれるが、行事をあまりにも多く取り入れて、振り回されることのないようにしていきたい。行事に対し子どもが主体的に楽しく取り組めるようにするためには、子どもの発達や興味・関心に基づいて、適切な行事を精選していくことが求められる。子どもの発達段階に応じた行事を計画的に実践していき、その上で、季節や実施時期などを考慮し、ゆとりをもって計画的に進めていきたい。

(4) 地域性を生かした園行事の実際

　社会や生活環境の変化によって、地域とのつながりが希薄化してきている現代において、保育行事を利用して、地域の人たちと出会う機会を提供することも大切である。地域社会との交流を図り、園内では関わることの少ない人たちと一緒に活動をすることで、子どもの体験は広がり、社会性や道徳心を培い、子どもの内面は豊かに成長をしていく。地域の人たちと一緒に取り組む活動を積極的に取り入れていくことで、子どもたちの体験をより豊かにして、子どもたちの育ちにつなげていきたい。

【収穫感謝の会】

　この園では、毎年、収穫の恵に感謝して、園や地域で収穫した野菜を

使って料理を作り、地域の方と一緒に会食をする、収穫感謝の会が行われている。収穫感謝の会を通して、園と地域の結びつきができつつあり、世代を越えた交流が図られている。

　園庭では、いろいろな種類の野菜を栽培している。また、園の畑では、地域の特産である自然薯を育てている。園近くの田んぼでは、地域の方にご協力いただき、田植えや稲刈り体験をさせてもらった。田植えや自然薯栽培では、地域講師の方からご指導いただき、栽培方法などを教えてもらっている。栽培活動を通して、地域の人たちとの触れ合いを深めている。秋になり、自分たちで栽培したものを収穫して調理し、収穫の恵と日頃の感謝の気持ちを伝えるために、地域の方を園に招いて、収穫感謝の会を行う。

　調理では、子ども同士、協力して準備をしていく中で、助け合い、協力する気持ちが育まれていく。地域の方も一緒に準備をし、保育者の手助けを借りながら、自分たちができることを手伝っていく。普段、交わりの少ない人たちと一緒に活動をすることで、社会性を育てることができる。会場には、とろろご飯や豚汁、漬物など、いろいろな料理が並んでいく。おいしそうな料理を食べながら、地域の方と楽しく会食をしていく。地域との関係が希薄になりつつある現代において、地域の方と一緒に会食をする機会を設けることで、地域とのつながりを感じ、地域に対する親しみや愛着の気持ちを育むことができる。

　招待した方に、日頃の感謝を伝えるために、子どもたちが企画したおもてなしをする。歌や劇の発表をしたり、肩もみや肩たたきをしたりして、地域の方と交流をする。普段、お世話になっていること書いた感謝の手紙を読み上げ、感謝の気持ちを伝えていく。こうした行事を通して、子どもたちは地域の中で大切にされている自分に気付き、地域全体で子どもを育てる地域社会を形成することができるのである。

第2節　生活と関係する文化

園に関わる文化について

(1) 文化とは

　文化審議会の答申「文化を大切にする社会の構築について～一人一人が心豊かに生きる社会を目指して」では、今後の社会における文化の機能・役割について、次のように述べている。「文化は、人間が人間らしく生きるために極めて重要であり、人間相互の連帯性を生み出し、共に活きる社会の基盤を形成するものです。」

　子どもは人間として成長していく過程で、知らず知らずのうちに、家庭や園の文化、さらに、家庭や園を含む地域の文化にかかわり、その影響を受けている。そして、共通の習慣や行動様式を習得していく。その行動規範や判断基準として文化を念頭に置いて振る舞うような社会、言わば、文化を大切にする社会を構築することが求められている。

　本答申では、文化の意味について、「最も広くとらえると、人間が自然とのかかわりや風土の中で生まれ育ち身に付けていく立ち居振る舞いや、衣食住をはじめとした暮らし、生活様式、価値観など、人間と人間の生活にかかわることの総体」としている。つまり、文化とは、自分自身、生活集団内の他の人々、他の集団、そして、自然環境などに対してもつ関係を意味し、あらゆる人間の生活それ自体に関わるものということである。また、本答申では、このような文化を大切にする社会の構築方法として、次の5つを挙げている。それは「社会全体で文化振興に取り組む」「文化を大切にする心を育てる」「我が国の顔となる芸術文化を創造する」「文化遺産を保存し、積極的に活用する」「日本文化を総合的・計画的に世界に発信する」ということである。

(2) 園行事に文化を取り入れる意義

　園で行う行事の中には、地域の生活に根を張りながら、日本古来からの伝承を受け継ぎ、子どもに伝えたい文化を取り入れている園もある。行事に限らず、地域に受け継がれている文化を大いに保育に取り入れるべきである。園行事において、日本の古来の風習に触れる機会を設けることで、園が中心となって、文化振興に取り組む地域社会が作られていく。園行事に文化を取り入れることで、子どもが大人になったときには、今後は自分たちが日本の文化を伝承していく役割を担っていくなど、文化を大切にする心の育成につながるのである。

　幼稚園・保育所が文化を伝承する大きな役割を担っていることから、保育者自身が地域に根ざした文化や日本古来よりの文化に関心をもち、子どもに伝えるための知識や技術を身につけることが大切である。

(3) 文化を取り入れた保育活動の実際

　この地域では、保護者や地域の集まりで、太鼓の練習をし、いろいろな催しで演奏を披露している。太鼓は地域に根づいた文化となっている。この園では、こうした地域の文化である太鼓を子どもたちに体験させるために、園行事を活用して、文化の伝承を行っている。

【太鼓体験をしよう】

　地域のお祭りで、地域の方が太鼓を演奏する機会があった。太鼓の演奏を見た子どもたちは、太鼓の迫力や勇壮な姿に憧れを抱き、自分たちもやってみたいという気持ちを抱いたことだろう。こうした子どもの興味から、太鼓の地域講師を園にお呼びし、太鼓の体験をさせてもらうことにした。バチの持ち方や太鼓を打つ姿勢、太鼓のたた方を教えてもらう。実際に太鼓をたたいてみると、太鼓の響きを全身で感じ、その魅力に惹かれ、地域に根づいた文化である太鼓に関心を抱くようになる。

　太鼓体験から、実際に太鼓の練習をし、練習した成果を発表するために、運動会で太鼓の演奏を行うことにした。子どもでも演奏できる太鼓のリズムで、運動会当日に披露する。練習では、友達と力を合わせなが

ら1つのものを作り上げる喜びを感じていく。大勢の人が集まる運動会で太鼓の演奏をすることで、子どもたちの意欲も高まっていく。演奏後に、友達と感想を交流し合い、感動を伝え合う中で、やりきった達成感を味わうことができる。太鼓演奏を運動会で終わらせるのではなく、その後も続けられるように、秋祭りやお遊戯会で太鼓を演奏する機会を設けていく。太鼓が子どもたちの活動の一部となり、子どもたち自身の文化となる。保育活動に文化を取り入れることで、子どもたち自身が文化を伝承する担い手として育っていくのである。

今現在、昔から代々伝わる日本の文化が消えつつある。これからの時代を生きていく子どもたちに、文化の意義を伝え、文化が伝承されていくように、幼稚園・保育所が中心的な役割を担っていきたいものである。

【引用・参考文献】

秋田喜代美、増田時枝、安見克夫編『保育内容環境』(新時代の保育双書〔第2版〕)みらい、2009年

佐々木由美子編著『エピソードから楽しく学ぼう環境指導法』創成社、2017年

柴崎正行・森上史朗 編著『環境―身近な環境とのかかわりに関する領域』(幼児教育法シリーズ〔新訂〕) 東京書籍、2000年

柴崎正行・若月芳浩 編著『保育内容「環境」』(最新保育講座9) ミネルヴァ書房、2009年

高杉自子・森上史朗監修、森上史朗・戎 喜久恵編著『保育内容環境』(演習保育講座第8巻) 光生館、1999年

田尻由美子・無籐隆編著『保育内容 子どもと環境―基本と実践事例〔第2版〕』同文書院、2010年

中村哲編著『文化を基軸とする社会系教育の構築』風間書房、2017年

文部科学省『幼稚園教育要領〔平成29年告示〕解説』フレーベル館、2017年

谷田貝公昭監修、細野一郎編『環境〔第2版〕』(保育内容シリーズ3) 一藝社、2005年

谷田貝公昭監修、嶋崎博嗣・小櫃智子・照屋建太編著『環境』(新・保育内容シリーズ3) 一藝社、2010年

(河野 崇)

第9章　子どもを取り巻く情報機器

第1節　子どもをとりまく情報機器にはどのようなものがあるのか

　10年前と言わず、数年前にはまったく想像もしなかったメディアや情報機器（この章ではハードウエアと称する）が開発・生産され、現在の子どもたちは日々変わりゆく環境の中に生きているといえる。その中にはきわめて有用であり、活用することで教育方法が効率よく、かつタイムリーに展開することのできるものもあれば、その世界に巻き込まれることでリスクが発生し、さまざまな弊害を生じてしまう性格のメディアや情報機器が多く存在している。

　さらに2020年には日本の小学校教育に、プログラミング学習授業の導入が決定するなど、子どもを取り巻く情報環境との関係は避けて通れない状況となっていることも事実である。

　さて一概に情報機器と表現しても、さまざまな種類の機器が存在し、これが情報機器であると一言で言い表すことはできない。特に昨今では、パーソナルコンピュータ（PC）のような形態でなくとも、ほとんどPCと同じ機能・能力を持ったタブレット端末や、スマートフォンのようなものもあり、それぞれが日々使いやすく、誰にでも使用できるようなソフトウエアを内蔵して登場している。

　またそのような「一見して情報機器と判別できる類の機器」だけではなく、最近では子どもの扱う小さなゲーム機（任天堂DSや、ソニーPSP等）、モニターにつなげて遊ぶ据え置き型のゲーム機（ソニーPS4等）も

通信機能を内包しているため情報機器の一種と呼ぶこともできるし、テレビでさえもデジタル放送となってからは、こちらからも情報を発信することのできる双方向メディア機器となった。

また、まだ普及は少ないが、子どもの扱う玩具の中には無線通信機能を持ち、情報を発信することのできるものも登場しているし、子どもの位置情報を送るための時計型ウエラブル端末などもますます発展し浸透することも考えられる。

第2節　現代の子どもが直面している環境

1　通信速度の向上

では現在のような情報機器が存在していなかった時代と現代においては、「何が最も異なった環境であるか」と考えると第1にはその速度の速さ、なのではないかと思われる。従来までは、たとえテレビであっても若干のタイムラグが生じる場合がほとんどであった。しかし現在は、世界中がデジタルネットワークでつながったことにより、きわめて多くの情報がリアルタイムで世界のほとんどすべての国に伝達できることとなった。

このことは簡便かつ同じ情報を共有することができるという利点を持つ反面、昼と夜という概念なく膨大な情報が飛び交うということもあり、私たちの生活に大きな変化をもたらすこととなった。例えばそれは、物流に関しての革命を生んだことや、金融関係などの世界に「眠らない」世界を生み出すというように、人間の生活時間に大きな変革を強いることとなった。同じように子どもたちの環境に関しても、現在の情報機器の持つ「速さ」という特色は大きな影響を及ぼし、子どもたちの生活時間や、受け取る情報の即時性やその内容に関して利点だけではなく、

憂慮すべき点を生み出しているともいえる。

2 双方向で通信環境

　子どもを取り巻く情報機器の環境の特色の第2点目としては、今までのメディアが一方通行の、受け身の性格であったのに対し、現在の機器の多くは、こちらからも発信（あるいは回答）することのできる、双方向の性格を持っているということである。この点は前に述べた速度の問題よりも重要な特色と言え、以前には考えられなかったことである。

　つまり以前にはラジオもテレビ（ビデオなども）の情報を、私たちが一方的に受ける形のもので、それに参加する、あるいは反応することは、手紙やファクシミリを使用して意見を送るような形のものでしかなかった。それが現在はパソコンもスマートフォンのような情報機器も、そしてテレビでさえデジタル化されたことにより、どこからでもこちらの情報、意見を容易に発信できることになった。このことは極めて重大な点であり、子どもの環境を考える上で、留意しなくてはいけない点であるともいえる。

3 すべての人が発信元となる可能性

　さらに現在はすべての人が発信者として世界中の人に対して情報を発信することが可能となったため、自分では知らないうちに写真や発言、あるいは重要な情報などを、他の第三者が自由に発信されてしまう可能性が生まれた。その情報の中には自分が予期していないもの、あるいは自分の考えとまったく異なる内容、さらには自分では言っていない（行っていない）内容なども、現在のデジタル技術では偽造・ねつ造が可能であり、その点に関しては防ぐことが極めて困難であるといえる。

　もう一点、他者とつながることのできる通信環境と、今まで子どもが使用していた玩具・教具と情報機器の違いをあえて述べるのであれば、今までは遊んでいる子ども自身だけが個別に使用していた機器が、通信

ネットワーク機能を持つことにより、「他の誰かとつながることが可能になった」という点があげられよう。

例えばゲームなども無線LANなどを使用し、有線（コード）などで接続しなくとも、近くの子ども同士が同時に同じゲームを共有し、お互いが対戦相手となりながら遊んだり、メール機能などを使用して（ゲーム機であっても）遠隔的におしゃべりしたり、コミュニケーションをすることができる。また接続する相手が、親しく近くにいる友人、あるいは保護者等という限定ではなく、極端なことを言えば地球の反対側にいる、今まで一度も会ったことがない、「まったく知らない相手」である可能性さえ持っている。

このことは遊びや人間関係に発展性を持つことができると同時に、大きなトラブルや複雑な人間関係を生じる可能性をも持っているということでもあり、保育者、あるいは保護者はこの点を十分に認識し、子どもが直面している情報機器の持つ危険性について十分に認識していかなくてはいけない点であるといえよう。

第3節 保育者として、どのような点を留意して情報機器と向き合うべきか

現在の情報機器は多機能で複雑、さらに高性能になっていくのと同時に、誰もが簡単に自由に扱うことができる、という二面性を持ちながら日々進化しているといえる。子どもをとりまく環境として保育者（あるいは保護者）が考えなくてはいけないことは、後者の点である。つまり以前には子どもが自ら情報機器を使い、自分から何かを発信したり、他の誰かと自由にコミュニケーションしたり、といった複雑な操作に関しては大人の介在がなければなかなか困難なことも多かった。

しかし、この困難なことこそが子どもが情報機器を使用して、さまざまなトラブルに巻き込まれてしまうことを未然に防ぐことのできる、一

種のファイアーウォール（ウイルスや外部からの不正侵入を防ぐ、ソフト、防御壁のこと）になっていたとも言える。だが、現在では複雑な操作方法や、特別な習熟を必要とすることなく、誰にでも簡単に使用することができるが故に、予想もしなかったトラブルを生み出す要因をも作り出してしまったとも言えよう。

そのため子どもが情報機器を扱う際には、アクセス制限や、パスワード管理などを徹底することにより、自由度を制限し必要以上の情報を発信したり、うかつにトラブルに巻き込まれるようなサイトなどにアクセスできないような措置を十分に対応しておくことが必要となる。

さらに幼稚園・保育所における行事等で撮影した子どもの姿が、インターネットを通じて画像等で流出し、トラブルに巻き込まれる可能性や、LINE、SMSの普及により真実ではないうわさ話や、うかつな保育者の発言・行動などが、瞬く間に拡散してしまうトラブルも多発している。そのためにも保育者は、子どもと保育現場が直面している情報機器の環境を把握し、今まで以上に慎重かつ的確な対応が望まれる時代といえる。

第4節　保育方法として、どのように情報機器を活用するべきか

1　子どもへの情報機器の導入

以上のように、現代の子どもを取り巻く情報機器の環境について記してきたが、この説では子どもに対してどのように情報機器を導入することが望ましいのか、その保育方法について述べてみたい。

日本においては2020年からプログラミング学習の授業が小学校において実施されることが決定しているが、まだ明確な方法や教材などが決定しておらず、現在さまざまな角度からの検討がなされているのが現状である。

そこで、保育方法の1つとして情報機器をどのように活用し、展開す

ることが望ましいのか考えてみたい。

　まず情報機器の持つ特色として、最新の情報をリアルタイムで発信・受信できるという点を生かした保育方法を考えてみたい。従来までは本・ビデオといった情報は最新ものであったとしても、発信されてから若干のタイムラグがそこには存在しているが。現在では最も新しい情報を、日本全国（あるいは世界中どこであっても）同じように享受することができる時代となった。

　さらに光ファイバー回線や無線LAN環境の発展に伴い、今までは聞く、見るあるいは受信することのみ（つまりは受動的で一方通行）の画像・音声を、デジタルカメラと情報機器とを組み合わせて活用することにより、双方向でコミニュケーションすることが可能となった。この点こそが現在の情報機器を、保育・教育方法として活用する場合に、もっとも価値があり可能性がある点なのではないかと考えられる。

　さらに双方向に音声・画像を送受信できるという機能を用いて、保育者と園児の姿、保育活動などを保護者等の情報端末にリアルタイムで送受信することも可能である。この点に関しては子どもの姿や保育者が現在どのように保育を行っているのかを「情報公開することにより、保護者等を安心させることができる」という意見がある。その一方、本来保育に必要な信頼や個人情報の保護といった観点から「安易に公開するべきではない」という意見も多く、実施する場合には保育者も保護者にも的確な判断と対応が望まれる問題点であるといえる。

2　ソフトウエアの有効利用

　また情報機器のハードウエアだけではなく、ソフトウエアの発展も、誰もが容易に機器を活用できるという観点から大変に重要であるといえる。一例として、現在では画像・音声を加工したり、それを効果的に見せることができるように編集することが極めて簡便になった。例えばどのPCにも内包されていることの多いマイクロソフト社のパワーポイント

は、誰もが簡単に使用することのできるプレゼンテーションソフトウエアであるが。このソフトを使用しプロジェクターなどと組み合わせることにより、発表会の背景として用いることも考えられよう。またその場合には、従来までは動かしたり、色等を変えることのできなかった背景を、子どもの動きや活動に合わせて変化させるなどの演出さえ、難しいことではなくなった。保育者の頭の中にある考えやアイディアを、保育の方法の1つとして、映像等で的確にかつ簡便に表現することができるためにも、今後ますますソフトウエアの発展は重要なポイントとなるであろう。

　今後は小学校におけるプログラミング学習の導入に影響を受ける形で、より多くの保育所・幼稚園において、子どもが操作をする形態の情報機器を導入・活用する保育が増えていくことも考えられる。だが現段階においてはまだその方法も機器も発展途上といえ、普及することには費用の面、指導者の育成などから考えても解決しなくてはいけない課題も多い。保育者に望まれるのは、どのような情報機器を使用し、それを導入することで、子どもがどのような発達に貢献させることが目的なのか、そのことを明確に熟慮した後に導入するべきであり、安易な考えで利用することでは大きな効果を生むことは考えにくい。

第5章　今後の情報機器の発展と対応について

　文部科学省が2017年に公示した『学習指導要領』に伴い、日本では2020年度より小学校におけるプログラミング教育が必須とされることとなった。このプログラミング授業とは、独立した新たな教科としてプログラミングが設定されるのではなく、従来の強化の中で、それぞれの特色を生かしたプログラミング教育が実践されるという形のものとなる。

　現在はまだ準備の段階とも言え、諸外国の現状や、一部の先進的に導入した学校の例などを参考にして導入する機材やソフトウエアを試行錯

誤しながら検討段階である。

　そのように子どもと保育を取り巻く情報機器は、これからも発展し、より複雑化していくことも予想される。私たちが現在想像もしない方法のメディアが登場し、ハードウエアの著しい進化などに追いついていくことは難しいかもしれない。だからといってあきらめたり、保育や子どもとのコミュニケーションを控えて自重してしまったり、その世界を狭めてしまう必要もない。

　自分が正しいと思う行動や発言を、最後まで責任をもって行い、さらに新しい情報機器を否定するのではなく、その可能性を保育の中に取り入れ、より効果的な保育方法を見出していこうとしたときにこそ、はじめて未来への新しい道が開けるのではないだろうか。

　だからこそ保育者にとって一番重要なのは、自分の価値観や考え方を明確に持ち、どのような場合にも揺るがないような毅然とした対応と行動を取るべきことである。また子どもが情報機器の持つマイナスの面に巻き込まれることがないように、未然に防ぐ措置を施すことを常に忘れず、子どもがどのように機器を使用しているかを把握しておくことが何よりも重要なのである。

【引用・参考文献】
石戸奈々子監修『図解プログラミング教育がよくわかる本』（スペシャル健康ライブラリー）講談社、2017年
小田嶋隆著『無資本主義商品論』翔泳社、1995年
岸井勇雄・無藤隆・柴崎正行監修『保育内容・環境〔第2版〕』（保育・教育ネオシリーズ）同文書院、2006年
柴崎正行編著『保育方法の基礎』わかば社、2015年

　　　　　　　　　　　　　　　　　　　　　　　　　　（野末晃秀）

第10章 指導計画と評価
──「環境」の視点から

第1節 幼児期の教育と指導計画

1 環境を通して行う教育

　保育・幼児教育の基本は「環境を通して行う」ことにある。それは園にさまざまなものを設定し、それらへの関わりを誘導することともいえる。子どもはそれぞれ興味や関心に応じて環境に出合い、その子なりのやり方で関わり、心を動かしながら対象そのものを理解したり、対象への関わり方を理解したりしていく。小学校以降の「教師があらかじめ立てた目標に沿って順序立てて教え、子どもがそれを学習する」というものとは異なる。子どもが自ら環境に関わり、遊びを通して学んでいくことが起点となるのである。

　つまり、保育・幼児教育においては、「環境構成」が重要な意味を持つ。できるだけ、子どもたちが多様な体験をし、さまざまなものに興味や関心を広げて、自ら関わっていこうとする意欲を育むには、多様な環境を用意することが必要である。そして、子どもたちが環境とどう出合い、そこからどんな活動が生まれていくのかという点を捉えていくのである。

　一方で、環境さえ整っていれば、子どもは自動的に活動を進め、学びを深めていくというわけでもない。子どもが自分なりのやり方で環境に関わるということは、そこに生じるさまざまな可能性を試してみるとい

うことである。それを大切にするという価値観は、効率の良さという価値観とは対極にある。すなわち、じっくりと取り組む時間が必要になるのである。

　例えば、積み木があれば並べたり積んだりするだけではなく、積んでいた積み木が偶然崩れるときの音に興味や関心を向けるかもしれない。すると、次には自ら積み木を打ち付けてみるということもやるだろう。その際、積み木の形によって、音が違うことを感じ取り、繰り返し続けることも考えられる。また、床の上を滑らせる、ままごと遊びの中で食べ物に見立てる、立方体の積み木を角が立つようにバランスを調整してコマのように回してみる、等々。積み木本来の遊び方という見方からすると、そこからはみ出したような扱い方をすることは珍しいことではない。このように、子どもが環境に関わることで生じる活動は、大人の目から見ると、一見意味の感じられないことのように思えるかもしれない。しかし、その子の目線に沿って見ると、その子なりのやり方で「積み木」という対象を理解していく過程であることが読み取れる。

　もちろん、そこに保育者がどう関わるのか（関わらないのか）、ということも重要なことではあるが、ここでは「環境」という視点に重心を置いて「指導計画と評価」ということについて考えていきたい。

2　指導計画はなぜ必要か

　保育・幼児教育という営みは、意図的・計画的なものである。また、1人の保育者が全てをまかなうものでもなく、多くの場合保育者集団による共同の営みである。そうした営みを進めるためには、園に関わる保育者集団が対話しながら、「自分たちは、目の前にいる子どもたちに、どう育っていってほしいのか」という子ども像を共有していくことが欠かせない。また、在園の期間だけ無事に楽しく過ごせれば良いのではなく、その子どもたちが小学生になったとき、あるいは大人になったとき、「どんな人間になっていてほしいのか」という、その子どもたちの未来

へ思いをはせることも重要なことである。ただ、そうした子ども像を描き、共有したとしても、それだけでは具体的な取り組みをデザインすることはできない。

指導計画は「子どもが望ましい方向に向かって発達することを援助するために作成する」［文部科学省、2013］といわれているように、それぞれの園において、教育要領、保育指針等を踏まえながら、自分たちの園ではどんなことが望ましいとするのかを明らかにし、園生活における子どもたちの発達に対する見通しを持ち、子どもの入園から修了までの期間における具体的な内容をデザインする必要があるのである。

第2節　全体的な計画と指導計画

1　全体的な計画（保育・幼児教育の課程）

幼稚園教育要領では、教育課程を中心として教育課程終了後等に行う教育活動の計画、学校保健計画、学校安全計画などと関連させ、一体的に教育活動が展開されるように「全体な計画」を各園で編成することを求めている。保育所、認定こども園では、それぞれのあり方を規定している上位法の違いから、同じ「全体的な計画」という文言が使用されつつ、指している内容にも違いがある。保育所保育指針では教育課程に相当する計画の他、保健計画、食育計画等の作成を定めている。幼保連携型認定こども園保育・教育要領では、教育課程に相当する計画の他、子育て支援の計画の作成を定めている。いずれにせよ、中心となるものは、目標に向かって入園から修了までの期間においてどのように保育・幼児教育を進めていくのかという道筋を描くことである。そして、それを示したものが教育課程あるいはそれに相当する計画である。

幼稚園、保育所、認定こども園は、それぞれのあり方を規定する法の

違いがありつつ、今回（2017年）の3要領・指針の改訂によって、幼稚園、保育所、認定こども園のいずれの施設であっても、「幼児教育を行う施設」であると示された。その基準に沿った保育・幼児教育課程を編成しているならば、どの園を修了していても、同じような体験を積み重ねていけることになるのである。いずれの園にも共通するものとして「幼児期の終わりまでに育ってほしい姿」が示されており、これは小学校との接続がより円滑に進むようにという観点も重視してのことである。小学校の教師との意見交換などを通して「幼児期の終わりまでに育ってほしい姿」を共有することなどの連携を図ることも求められている。こうしてさまざまな点を考慮して編成する保育・幼児教育課程が、指導計画を立案する際の骨組みとなる。

2 長期の指導計画と短期の指導計画

入園から修了までの期間を見通した保育・幼児教育課程を骨組みとし、それを踏まえて指導計画を作成する。指導計画は、それぞれの時期の子どもの発達や生活を踏まえ、一人ひとりの子どもたちがそれぞれにとっての必要な体験を得られるよう、具体的な保育を展開するためのものである。そこでは、より具体的な環境構成、保育者の援助などを示していくことになる。指導計画は、1年、あるいは数カ月という期間を見通した「長期の計画」と、さらに具体的な子どもの生活に即して作成する、週の指導計画（週案）や日の指導計画（日案）などの「短期の計画」とがある。実際には、その両方を作成している現場が多いだろう。

長期の指導計画は、1年の生活の流れを捉え、日々の生活と切り離されないよう行事を位置づけたり、四季が織りなす自然環境を含め、環境構成を考えたりしていく。これはそれぞれのクラス担任が考えていくのではなく、保育者集団全体、あるいは学年ごとで編成していくものであろう。

それに対し短期の指導計画は、長期の指導計画をもとに、主にクラス

ごとに担任がそのクラスの子どもたちの実態を捉えつつ、責任をもって作成するということが一般的である。発達の見通しを持ちつつ、一人ひとりに必要な体験を捉え、具体的な活動を構想し、保育者の願いを環境に込める。通常、これらは文書に記される。文字化することで、曖昧なイメージが明確になっていく。また、「環境を通した教育」を基本とするわけであるから、文書とともに環境の設定を図で示す方法が用いられていることもある。図として配置することで視覚的にイメージがつかみやすく、具体的に見通しを持ちやすい。また、その計画を他の保育者などと共有する際の手がかりとしても役に立つ。

第3節　計画―実践―評価の実際

1　計画

「幼児を理解することが全ての保育の出発点」といわれている。子どもを理解することは、その時期の大まかな発達の見通しに基づいてなされることもある一方、直接子どもと関わり信頼関係を築く過程で深まっていく。短期の指導計画には、そうしたことを踏まえて構想した計画を書き込んでいく。

2　実践

計画をもとに、保育場面を迎える。保育実践の場は、不確実性を伴うものであるため、必ずしも計画通りにはいかないことも少なくない。また、保育者が環境を構成し活動を促すだけでなく、子どもたちもまた園生活の主人公として環境に働きかけ、状況をつくり、活動を生み出す。時に予想を越えた展開も起きてくる。保育実践は「今日は計画と子どもの姿がずれていた」と終わらせることはできない。そのときにできる範

囲で最善の手を打たねばならない。そうしたその場での判断の積み重ねによって、子どもの主体性と保育者の意図や計画との間で、どちらに流されることもなく、どちらかを引っ込めるのでもない、バランスのとれた質の高い実践が成り立っていくようになるのである。

　準備していた教材の量が足りなくなってしまったとか、思っていたより広い空間が必要になってきたとか、実際の子どもの姿から気づかされることがある。環境構成はその時々の子どもの生活や遊びの流れに沿いつつ、常に再構成していくものなのである。

3　評価

(1) ねらい－内容－方法－実践の軸から

　実践の後、じっくりと振り返りながら実践を評価していく。ねらいに対して、適切に環境構成がなされていたか。活動内容や保育者の関わりは、子どもたちとずれていなかっただろうか。そうした点から自らの実践を評価していく。大雑把に「楽しめていてよかった」とか「失敗だった」とくくってしまうのではなく、どこがどう良かったのか、失敗はどのようにして起きたのか、そこでは他にどんな援助の可能性があっただろうか。つまり、「ねらい－内容－方法－実践」の軸に沿って考察していくのである。こうしたことに真摯に向き合うことは、ときにつらい作業でもある。しかし、こうした作業を日々、地道に繰り返すことこそが保育の質を高めていく土台となる。

(2) 手がかりを活用して

　保育中にキーワードを記したメモや、携帯しているデジタルカメラで撮影した画像などがあれば、それを手がかりに記憶をたどることができる。次々に起こる出来事の中で遠い記憶となってしまった、けれど重要な出来事が思い出されることもある。

　日誌や実践の記録を記しながら、あるいは撮影した画像を活用してドキュメンテーションを作成しながら、考察を深めていく。それが、次の

実践の構想を生み出し、計画の修正・改善へとつながっていく。実際の作業は（1）で述べたことと重なり合いながら進めることになるだろう。

(3) その子の物語を捉える

5歳児の事例である。11月、園庭のサクラ、モミジ、ケヤキなどの木々は紅葉し始めたり、葉を落としたりするようになってきた。ちょうど木工活動に取り組みはじめ、材木に興味を向けたTくんは「木の研究がしたいな」とつぶやいていた。

数日後、保育室の床に「きのけんきゅうのかみ」と書かれたメモが落ちていた。Tくんのものらしかった。私は「きっと、Tくんが木の研究を進め、発見したことを書き込んだのだろう。一体どんな発見をしたのだろう」と期待しながら目を通した。すると、そこには「きの　はっぱのいろが　かわる」「きの　はっぱが　おちる」などと書いてあった。期待が外れた私は「当たり前のことしか書いていない」と落胆した。

しかし、そのことを記録しつつ振り返ることによって、Tくんが葉っぱに目を向ける様子をもっと丁寧に見てみよう、私の関心は強まった。そして、Tくんが落ち葉を拾い、比べたりしている様子を見ているうちに、Tくんの心の動きが感じられてきた。もう40年以上生きている私にとっては「当たり前のこと」になっていたが、まだ5年しか生きていないTくんは、今年はじめて「葉っぱの色が変る」「葉っぱが落ちる」という現象に意識が向いたのかもしれない。Tくんが葉っぱの変化に出合ったとき、その不思議さにどれほど心が動かされたことだろう。エピソードを記録し、振り返って捉えることで、「Tくんと葉っぱの変化の物語」が見えてきたのであった。

(4) 評価の視点

このように「評価」は、決して子どもに対して「○○ができたかどうか」「誰と比べて優れているか劣っているか」といったような成績評定を行うことではない。保育者が用意した環境との関わりの中で、子どもがどんなことに興味や関心を持ち、どんな活動が生まれたのか。その子

どもにとって、どんな意味があり、何が育ったのか。次にはどんな環境や援助が必要になるのだろうか。そうした点から、一人ひとりの子どものよさや可能性を捉えるという方向で評価するとき、子ども理解が深まり、確かさを増していく。そうした視点を大切にしてほしい。

4　保育の質向上のためのPDCAサイクル

これまで述べてきたように指導計画（Plan）を作成し、計画に基づいて実践し（Do）、それをしっかりと評価（Check）することで、改善を進め（Action）、新たな計画（Plan）に反映させるというサイクルをバラバラなものではなく、ひとつながりのものとして続けていくこと。それは果てしのない作業である。しかし、このサイクルを機能させることこそ、保育の質の確かな向上につながっていくのである。そして、これを支える力になるものが園長をはじめとする保育者集団であり、なにより共に生活する子どもたちであるのかもしれない。

【引用・参考文献】

内閣府・文部科学省・厚生労働省『平成29年告示 幼稚園教育要領 保育所保育指針 幼保連携型認定こども園教育・保育要領＜原本＞』チャイルド本社、2017年

文部科学省『幼稚園教育指導資料第1集　指導計画の作成と保育の展開』フレーベル館、2013年

文部科学省『幼稚園教育指導資料第3集　幼児理解と評価』ぎょうせい、2010年

文部科学省『幼稚園教育要領解説』フレーベル館、2008年

（利根川彰博）

第11章　0〜2歳児の保育と環境

第1節　道具

　子どもは誕生時には歩くことはできない。動物とは異なり、生後1年かけてようやく一人で歩くことができるようになる。それは、人間としての自立を意味している。子どもは食べ物がある場所まで一人で歩くことができるようになり、ようやく生きていく手段を得るのである。

　人間は二足歩行で歩くことによって、両手を自由に動かすことができる。動物とは異なり、手を自由に使うことによってさまざまな行為が可能になるのである。

1　日常生活と道具

　日常生活にはさまざまな物がある。道具を使うことにより、人間の生活は便利になり、さまざまな可能性が広がるのである。それは乳児においても同様である。例えば、手を使うことができるようになった乳児は、最初は手づかみで食物を口に運ぶが、生後7〜8カ月になると、スプーンを持つことができるようになる。乳児期の段階では、子どもはスプーンとフォークを使って食事をするが、それによって豊かな食生活が可能になるのである。

　保育所では、乳児に合わせて食器・スプーン・フォーク等が用意される。食器の材質についてはプラスチック製よりも陶磁器や木製の食器を使用したい。近年の調査では、陶磁器を使用する保育所が増えている。

できる限り乳児の段階から自然仕様の物に触れる機会を与えていきたい。また、最近では、アレルギー体質の子どもを考慮して作られた食器もあり、一人ひとりの子どもに配慮した食事のあり方が考えられている。

保育所における乳児の食生活は、基本的には昼食1回と午前・午後のおやつが2回。1歳を過ぎた頃になると、食事は乳児食から幼児食へと徐々に移行するが、乳児期から楽しい食生活を心がけていきたいものである。

2　遊びと道具

乳児はさまざまな道具を使って遊ぶ。道具を使うことによって、乳児の遊びの世界は広がっていく。道具としては、クレヨンやマジックペン、のり、セロハンテープ、はさみ等があげられる。ただし、乳児期の子どもが自由自在にはさみを使用することは技術的には難しい点があり、ちぎり絵のように、紙を手でちぎりながら作品を仕上げていく方が容易である。

お絵描きについては乳児の段階から楽しむことができる。例えばワロン（Philippe Wallon 1948～）によれば、子どもが絵を生み出すのは2歳ごろであり、それは子どもの絵の最初の段階である「なぐり描き」において見られるという。その後、円形や四角形、三角形などの形を描くことができるようになるが、乳児のなぐり描きの段階では子どもが「描きたい」という思いが線描を生み出すと考えられる［フィリップ、2002］。

さて、こうしたお絵描きにはクレヨンが適しているが、それ以外にマジックペンもお絵描きに使われる。乳児がマジックペンでお絵描きをする場合、握りやすさを考慮して太いマジックペンを準備するとよい。それによって、ダイナミックな線描画を楽しむことができるのである。細いマジックペンは、絵の細部を描く際に便利である。これは幼児期以降に使用させるとよい。

第2節　遊具

　保育所保育指針の「ウ環境」（イ）の②には「玩具、絵本、玩具などに興味をもち、それらを使った遊びを楽しむ」ということが記述されている。また、（ウ）の①には「玩具などは、音質、形、色、大きさなど子どもの発達状態に応じて適切なものを選び、遊びを通して感覚の発達が促されるように工夫すること」という説明もなされている。以下には、玩具と園庭の遊具を中心に、子どもの遊びについて考えていきたい。

1　玩具

　保育所の室内にはさまざまな玩具がある。玩具は広義において遊具に含まれるが、特に手に持って遊ぶことができる大きさのものを玩具という。例えば、積木、ブロック、人形、ままごとセット、オルゴール、布製のボール等が挙げられるが、歴史的に振り返ると、玩具はフレーベル

フレーベルの積木

の恩物にさかのぼることができる。世界で最初に幼稚園を創設したドイツの教育者であるフレーベルは、神からの贈り物として玩具を恩物と名付けた。恩物は第1恩物から第20恩物まで用意されているが、そのなかでも積木は今日でも子どもたちにとりわけ親しまれている。フレーベル考案の積木は自然の木材を使用しているが、正方形を中心に長方形や三角形などさまざまな形の積み木が用意されている。

　近年、「木育」という言葉が注目されているが、自然素材の物が子どもの身体に優しいというコンセプトのもとに、木を使用した玩具の環境が設定されている。

　玩具については、モンテッソーリ（Montessori, Maria 1870 ～ 1952）の教

育においてもさまざまな工夫がなされている。モンテッソーリ教育においては、玩具は「教具」と呼ばれているが、手指を動かすことで脳に良い影響がもたらされると考えられ、そうした教具が積極的に活用される。モンテッソーリの園では乳児期から教具が使用され、子どもの感覚が養い育てられている。

　日本においても玩具の工夫がさまざまになされている。例えば、羽仁もと子（1873～1957）が創設した自由学園においては、子どもの生活世界を考慮しながら、多くの玩具が考案された。例として、フェルトで作られた「ボタンはめ時計」においては、乳児が衣服の着替えで苦心するボタンはめの練習ができる仕組みになっている。時計の針も手で動かすことができ、乳児が好きな時間を選んでボタンを留めることができるように作られている。さらに、写真の豆人形も自由学園の工芸作品であるが、擬人化の人形が子どものアニミズム的傾向に一致するものであり、子どもの自由な発想が生かされて遊ぶことができる。

ボタンはめ時計

えんどう豆の人形

　こうした布を応用した玩具は手製で準備することも可能であり、保育環境の中で積極的に取り入れていきたい。布は子どもの手肌にとって優しい感触であり、保育者が手作りした玩具は子どもにとっても安心感を与えるものである。

　以上、玩具について紹介してきたが、こうした遊び全般において重要なことは、子どもは玩具を使いながら、自分のイメージの世界で遊ぶと

いうことである。子どもにとって想像の世界は、現実の世界と同様に重要であり、子どもはいろいろなことをイメージしながら真剣に遊びに取り組むのである。子どものイメージが広がるように、こうした玩具を活用させていきたい。そのために、保育者はどのような玩具を保育室に配置すればよいのかを常に考えていなければならないのである。

2 園庭の遊具

　園庭にはさまざまな遊具がある。ブランコや砂場、すべり台、鉄棒、ジャングルジム等が挙げられる。園庭遊具は、子どもの運動機能を促進させる効果があり、乳児期の子どもにとって運動遊具は、身体を形成するために重要である。

　乳児期の子どもはすべての園庭遊具を使用できるわけではない。ブランコや鉄棒、ジャングルジムは幼児を対象としている。砂場とすべり台については乳児も遊ぶことができる。砂場では一人遊びも可能であり、年齢を経るに従い、ままごと遊びが楽しめるようになり、さらには子ども同士でお山をつくってトンネルを掘りながら協力的に遊ぶこともできる。

　そして、すべり台については2歳ごろから挑戦することが可能である。仙田満（1941～）によると、すべり台は子どもの年齢や体験によって遊び方が変化していく。2歳頃の子どもはすべり台を普通にすべる機能的段階にあるが、それ以降の年齢段階になると、すべり台はスリリングにすべることを楽しむための遊具になり、さらにごっこ遊びの舞台にも発展していく。こうした園庭遊具との関わり方は、子どもの年齢や発達によって変化していくことを保育者は理解していなければならない。

　乳児期から、歩く、走る、跳ぶといったさまざまな運動機能を、園庭遊具を通して伸ばしていくことが大切である。子どもの発育にどのようにこうした遊具を活用していくのかを考えていくことが重要である。

第 3 節　自然環境

1　自然と遊び

　子どもにとって園内外の自然に関わることは大切である。日本には四季があり、季節に応じた暮らしがある。乳児にとっても春・夏・秋・冬の季節を感じながら、日々の生活を楽しむことができるように、自然遊びの準備をしていきたい。春には花摘みをしたり、夏には虫を追いかけたり、秋には木の実を拾い、冬には雪遊びを楽しむなど、子どもが自然に親しみ、触れ合う機会を設けていきたい。

　園では、散歩の時間が設けられている。公園を目的に自然散策することも楽しいひとときである。木々を見上げると緑の葉がそよ風に揺られている光景を目にしたり、土の匂いを感じたり、さらに小川のせせらぎや虫の音を楽しむこともできる。どんぐりや松ぼっくりなどの木の実を拾うなど、自然物との出合いも大切である。そうした自然物はまた遊びの材料にも生かすことが可能である。散歩で拾った自然物は大切に持ち帰り、園での遊びにも生かしていきたい。

2　五感を養うこと

　自然との関わりについて、生物学者のレーチェル・カーソン (Caron, Rachel L. 1907~1964) は、「センス・オブ・ワンダー＝神秘さや不思議さに目を見はる感性」の重要性について述べたが、自然を通して五感をどのように養っていけばよいのかを考察していくことが重要である。五感とは、視覚・聴覚・嗅覚・触覚・味覚を指している。どれ

自然物

も一つひとつ別のものでありながら、実は心と身体の深いところでつながっている。子どもの心をゆっくりと解き放しながら、五感を養っていきたいものである。

　倉橋惣三（1882～1955）は、子どもが庭や町、野原や温室などで遊んでいる間に、自ずと花や虫との出合いがあることを述べている。普段の日常生活からこうした自然との関わりがあることが重要であり、乳児期からそのような環境を用意できるように心がけていきたい。

第4節　地域との接点

1　子育て支援と地域社会

　乳児が過ごすことができる施設は、保育所やこども園だけではない。地域には図書館や児童館等が開設しており、乳児向けのプログラムも用意されている。例えば、絵本の読み聞かせや手遊びを親子で楽しむプログラム、リズム体操を親子で参加できるプログラム等が用意されている。今日、核家族化が進む中で、親子が孤立化しないように、積極的にこうした地域の施設を利用したい。

2　「まち保育」という概念

　近年、「まち保育」という言葉が提案されるようになった。それは、子どもをまち全体で育てようという考えである。保育施設を中心にまち全体を考えてみると、例えば子どもたちは散歩の途中でいろいろな物に出合い、さらに多くの人たちにも交流しながら、さまざまな経験を重ねていく。そうした過程を大切にしながら、保育を「まち」というコンセプトのもとで検討するのである。

　「まち保育」のステージとして、「1.まちで育てる　2.まちで育つ　3,

まちが育てる　4.まちが育つ」という提案があり、子どもをまち全体で育てるということは、いつしか保育施設を含めてまち自体が育っていくというまちづくりの構想が示されるのである。これは、保育がまちづくりにも貢献するということを示唆したものであり、今後の保育の方向性としても注目に値する。

　近年、子どもを取り巻く環境は変化し続けているが、保育者の工夫で子どもの保育環境が改善される。子どもにとって良い環境とは何か、そしてそれが子どもにも大人にも心地よいものであることを願いながら、これからの保育環境を考えていきたいものである。(写真：筆者提供)

【引用・参考文献】

厚生労働省『保育所保育指針〈平成29年告示〉』フレーベル館、2017年

仙田満『子どもとあそび―環境建築家の眼』岩波書店、1992年

フィリップ・ワロン（加藤義信・井川真由美訳）『子どもの絵の心理学入門』
　　　白水社、2002年

マーシャ・ブラウン、谷川俊太郎訳『目であるく、かたちをきく、さわって
　　　みる。』港の人、2011年

三輪律江、尾木まり編著『まち保育のススメ』萌文社、2017年

谷田貝公昭監修、大澤力編著『環境』（実践保育内容シリーズ３）一藝社、
　　　2015年

レーチェル・カーソン（上遠恵子訳）『センス・オブ・ワンダー』新潮社、1996年

（馬場結子）

第12章 3〜6歳児の保育と環境

第1節 3〜6歳児の発育と興味・関心

1 言葉の発達

「オギャー」と産声をあげて、未来を夢見て生まれてくる多くの子どもは、その時から大人に守られ、周囲の環境に適応しながら育っていく。

時間の経過とともに、徐々に自分の目の前のものに興味を抱き、認識を深めていく。1歳前後になると、身の回りのものに、興味を示して、指を差すようになる。それに対して、保護者や周囲の大人が「これはリンゴよ」「あれは、ワンワン」というように、反応し、受け応えをすることによって、徐々にその事物の認識を深めるようになる。名前を覚えるという行為の第1歩もそこからであろう。

そして、1歳から2歳になると、それまでのベースを言葉にする。「こうえん いく」や「ミカン おいしい」といった2語文もこのころから出だす。2歳から3歳になると、急に語彙を増やし、「あした こうえん いく」や「パパ ミカン おいしい？」などの3語文から「あした こうえんで ブランコして あそぶ」や「パパ むいた みかん おいしい わたし すき」のように、話す言葉を文章化していくのである。

4歳前後になると口げんかをしたり、要求したりと言葉だけで、コミュニケーションをとることができ、論理的にものごとを考える基礎ができる。「こんな言葉をどこで覚えてきたの？」と保護者が驚くのも、

この3〜4歳になるころからである。

子どもは、保育者や保護者、友達、テレビに出ている人、の言葉遣いやしぐさをまねることでも、自分の語彙を増やしていく。3〜6歳の保育を考えるとき、この言葉の発達に伴って、年齢や環境にあった興味・関心、内容を検討すべきである。

2 遊びへの興味・関心と発展

幼児期は自分で体験したことをはじめ、保育者や保護者などの大人がすることをまねて、「ごっこ遊び」に発展させていく時期である。先に述べた保育者や保護者のみならず、友達からの言葉や行動の影響を受けやすいのもこの時期である。すなわち、体験したことをそのまま記憶し、自分の行動につなげていく時期といってもよい。

子どもたちは、お店屋さんごっこでお店に売っているものを考え、そのものを紙や粘土で作り、色付けをする。そして、商品をお店に並べ、売り手、買い手に分かれて、言葉を交わし、やり取りをする。このような遊びの発展性、連続性は、領域「環境」の中でも他領域（「言葉」「人間関係」「表現」「健康」）にも関わってくるのである。

家庭や幼稚園、保育所で飼育栽培をし、そのお手伝いをすることで、命の尊さを学ぶことはもちろん、生き物の生活に興味・関心をいだくようになる。また、育った草花で「色水遊び」をしたり、メダカの卵を孵化し、新しい命の誕生を喜んだり、芋ほりをして、収穫したさつま芋を焼きいもにして食べたり、園庭の木の実（どんぐりなど）でコマやままごと遊びのおもちゃを作ることは、自然物と関わりながら、遊びに発展させていく。このことが自然現象への興味・関心へとつながるのである。

つまり、子どもたちは遊びを発展しながら、目に見えないものも創造する「見立て」ができるようになる。そして、さまざまな事象を実体化しながら、生活や自然、人的環境の興味・関心へと広げていくのである。

第 2 節 体験学習の循環過程から見る保育実践

1 体験学習とは

「DO→LOOK→THINK→GROW」へのステップを繰り返すことで、学習が深められ成長していくことである（図表12-1）。

DO ：やってみる。
LOOK ：指摘する。
　　　　判断する。
THINK：考える。
　　　　分析する。
　　　　評価する。
GROW ：仮説化する。
　　　　応用する。

図表12-1「DO→LOOK→THINK→GROW」

出典：「環境レイカーズ」ホームページより

まず何かをやる。そこで起きたことを考え。次の行動を選択し、その行動をする。例えば、園庭で転んだ子どもが「この石につまずいたのか」と感じ、「次はつまずかないぞ」と考え、実際に転ばずに遊ぶといった様子である。

2 体験学習的環境保育（田んぼのカエル）

保育現場の中で、体験学習のプロセスを踏んだ保育が「体験学習的環境保育」である。3～6歳児において、このサイクルを保育者が理解し、意識することで、子どもたちの行動変容、すなわち成長を系統的に積み上げることができる。

(1) DO＝体験する

10月に入り、稲刈りを終えた田んぼは、子どもたちにとって絶好の遊び場である。園から歩いて5分ほど離れた田んぼには、小さなアマガエ

ルがたくさんいて、子どもたちは、好みのカエルに触れ、遊んでいる。カエルになりきり、跳びはねている子どももいる。給食の時間になり、保育者（以下、保）「さぁ、そろそろ保育園に戻ろう」と言うと、K君（以下、K）が近づき「ねえ　先生　このカエル　持ってかえりたい」と言う。保育者はこのときどうすべきだろう？

　幼稚園、保育所、子ども園（以下、園）で方針（持って帰ってもよい。持って帰ってはいけない）が決まっていれば、そのことを伝えればよいが、多くの園は担任の先生に任せているのが現状である。

　「DO」はKが、まずカエルと遊び、持って帰りたいという気持ちなった場面である。

(2) LOOK＝指摘され、判断する

　Kに言われた私は、いくつか質問し、Kが応える。

　保「K君　そのカエルさん　持って帰ってどうするの？」　K「育てるよ」　保「どこで育てるの？」　K「お家がいいけど、園でもいいよ」　保「お家の人は、ダメというかもしれないなぁ」

　　そんな会話をしているとYさん（以下：Y）が寄ってきて、「そんなのダメに決まってる」と言う。

　保「どうして　決まってるの？」　Y「カエルさんがかわいそう。お父さん、お母さんとも離ればなれになっちゃう」　保「うん　そうかもしれないなぁ。K君はどう思う」　K「大丈夫！　僕がパパになる」　保「K君　あそこにいる　あのきれいなカエルさんじゃダメかなあ？」　K「ダメ　このカエルしか嫌だ」　私「なんで？」　K「だって　一緒に遊んで友達になったから」　保「そんなに大事なカエルさんだったら、園でお世話してみる？」　K「うん！」

　LOOKは保育者や友達からの質問や指摘に応えて、どうするかをともに考え、判断した場面である。

(3) THINK＝結果を経て考える

　Kは手のひらの上にカエルを乗せて、もう片方の手でやさしく覆い、

自分が転んでもカエルは守るというように、園までの5分間のあぜ道を歩いた。園について、そっと覆った手を開いてみると、カエルがのびて、動かない。

K「わー！」 私「どうしたん？」 K「カエルさん　死にそう」

Y「ほら　見てみい」 P君（以下：P）「あ〜あ　なんでこんなになったの」 保「どうして、カエルさんは動かないのかなぁ？」

Y「きっと　さみしかったんやわ」 P「K君　ぎゅって握りしめて、苦しかったんじゃない？」 K「違う！」 保「じゃあ、どうしてかなあ」

Cさん(以下、C)「暑くて苦しかったのかなぁ。水が足りなかったの？」

K「違う。僕　途中で　水たまりの水をすくって、かけてたし」

保「ほんと！　カエルさん　濡れてるねぇ」 P「死んだふりしてるのかなぁ？」

カエルはこの間　喉元がヒクヒクと脈打っているが動かない。

保「このカエルさん　どうしてあげたらいい？」 Y「水槽に入れてあげよ」

水槽に水を溜めて、カエルを入れるも動かない。

保「ダメだね。どうする」 P「もう　埋めてやれば」 Y「生きてるよ」 保「それって　お墓？」 P「お墓！」

園庭の水たまりに逃がすも動かない。それを見て、Kは泣き出す。

保「K君はどうしたいの？」 K（泣きながら）「元に戻してやりたい」

保「それは　カエルさんが動かなくなって、K君が要らなくなったから、戻してやりたいって言ってるの？」 K「違う！」 保「じゃあどうして？」 K（大泣きしながら）「ほんとにかわいそうだと思った」

〔THINK〕はカエルを持ち帰り、動かない状態になった結果を経て、原因や対処策を考えた場面である。

(4) GROW＝仮説化する　応用する

保も含め、子どもたちはKの言葉に、一瞬沈黙する。

保「じゃあ　戻しに行こう」 K「うん！」 YPC他「私も僕も行く」

第12章●3〜6歳児の保育と環境

保「みんなで行こう」

再度、5分のあぜ道を通って、元の田んぼに到着する。水槽に入れたカエルを田んぼの水たまりに移す。動かない。子どもたちは、黙って、その様子を見ている。

保は「もし死んだら、どのように生き物の命について話そうか？ 考えようか？」と頭の中で自答している。

数分が経過し、「あれ！」と子どもの声。ついに亡くなったか？ と。
保「どうしたの？」 Y「先生 動いた」 保「えっ？」

見ると、動かなかった後足が細かく動き、徐々に、両後足が大まかに動く。前足も動き出す。その間子どもたちは「ガンバレ！ ガンバレ！」の大合唱。カエルは自力で動き出し、子どもたちの元を離れていった。

〔GROW〕はカエルを持ち帰ると言ったDOの段階では、思いもしなかった「元に戻す」ということを仮説化し、行動が変容した場面である。

「カエルがおんぶしているよ」

「あのカエルがいい」

第3節 探究心をもつための保育方法

1 概念形成

人は園の環境下でその事物が何かを理解するときに、さまざまな部分を合わせて、大まかな全体像を捉える。これを「概念形成」という。例えばサクラは枯れたり、花を咲かせたり、葉の色が変わったり、芽を出

したり、成長したりする、その一つ一つの現象や存在、そして出来事の経過に対する理解を通して。サクラという植物の概念を形成する。

子どもは体験しながら、手でつかみながら概念を形成する。子どもたちが保育環境の中で探究心を持って、保育生活を送るためには、この概念が形成されるプロセスと保育方法を理解することが必要である。

2 具体的な保育方法（葉っぱの概念）

(1) 全感覚で体験

葉っぱを触る。ばらばらにする。もんで臭いを嗅ぐ、音を聞く、かじる（食べられる葉）。注意深く見る：穴が開いている、つるつるしている、毛が生えている。

(2) 集め、比べ、分類する

大小、色、形に分けてみる。

(3) 変化を観察する

地面に落ちた葉が細かくなっている姿を見る。葉っぱの裏に虫の卵や地衣類があるかを見る。

はっぱで動物をつくろう！

(4) 調べて、操作する

落ち葉の下には何が生きているか。

葉っぱはどのぐらいの期間枝に付いているか。

(5) 想定する、実験する

水に浮かべる（浮くのか）、埋もれる（温かいのか）、数える（1本の木に何枚の葉っぱが付いているか）。

色や大きさの順番に並べてみよう

(6) 自分の身体で計る

長さを指で測る。木を抱きしめて太さを測る、フープの中に敷き詰める。

(7) 話し合う、評価する

美しいか？　何の役にたっているのか？　どんなものがつくれるか？

(8) 考える、想像する、創化する

どんな虫が食べたのか？ 動物を作って、葉っぱ動物園を作る。

(9) 生態系のシステム（循環）を発見する

地面に落ちた葉っぱは、細かくなり、小動物や微生物が食べて、分解し、木の栄養になる。

(10) グループや種類を判定する

図鑑などで名前を調べる。

一つ一つ違うねえ

概念は周囲の環境下でさまざまな体験をしたときに築いていく。また、再評価されたり、広まったりもする。保育者は子どもたちが周囲の環境を身近なものとして捉え、目を丸くして探究心を持ち、夢中になって遊べるように、それらを生活に取り入れたい。そのためにも、新要領・指針に基づいてこの「概念形成」と「体験学習的環境保育」を意識して、保育に臨みたいものである。（写真：筆者提供）

大きいね〜

【引用・参考文献】

島川武治監修、環境レイカーズ編『新うぉーたんの自然体験プログラム―幼児のための自然体験プログラム集』滋賀県、2012年

スティーナ・ヨハンソン、高見幸子訳『自然のなかへ出かけよう〜 Bland stubbar och kottar ムッレの森』1997年

津村俊充・山口真人編「人間関係トレーニング―私を育てる人間学的アプローチ〜」ナカニシヤ出版、1992年

谷田貝公昭監修、大澤力編著『環境』（実践保育内容シリーズ③）一藝社、2015年

（島川武治）

第13章　小学校との連携

第1節　連携の必要性

　2017年3月に「幼稚園教育要領」「保育所保育指針」「幼保連携型認定こども園教育・保育要領」が告示された。この改訂・改定において、幼稚園保育所、認定こども園などが幼児教育施設として位置づけされたことから、本章では、幼稚園などの保育について幼児教育として扱うこととする。

　小学校への入学は、子どもにとって遊び中心であった保育所、幼稚園、認定こども園などから教科学習中心の生活へと生活・学習スタイルが大きく変わることである。環境が大きく変化するために、小1プロブレムなどさまざまな問題が起こり、児童が小学校の生活にスムーズに移行や適応できない問題が多く報告されている。そこで、子どもの育ちと学びの連続性を保障し、幼稚園等から小学校へのスムーズな移行のためには、より一層の連携が必要となってくる。

　幼稚園、保育所、認定こども園と小学校の連携には、次の3つの意味がある［和田信之、2010］。1つ目は「学校生活への適応」である。幼稚園などの生活と小学校での学校生活では大きく変化する。そのためこの時期にスムーズな適応ができないと、小1プロブレムなどのさまざまな問題が起こる可能性がある。2つ目は連携によって「互恵性」を高めることができる点である。児童が幼児と関わることで他者理解をすることができる。幼児も児童と関わることで、人との関わり方や体験の場の増加、

入学後の不安感の減少につながる。3つ目は子どもの「学びの連続性」である。幼児期における遊びを中心とした活動から、各教科の学習へ転換していくことが大切である。

1 連携と接続

連携とは、幼稚園、保育所、認定こども園などと小学校との交流を行うことを意味しており、子どもと児童の交流、保育者と小学校教諭の相互交流、合同研修などのことである[無藤隆、2017]。一方、接続とは、カリキュラムの接続のことを意味しており、幼児教育と小学校教育とをつないでいくことである。

2 幼児期の終わりまでに育ってほしい姿から見た連携・接続

2017年に改訂された幼稚園教育要領の総則第2の3「幼児期の終わりまでに育ってほしい姿」を、図13-1のように、①健康な心と体、②自立心、協同性、③道徳性・規範意識の芽生え、④社会生活との関わり、⑤思考力の芽生え、⑥自然との関わり・生命尊重、⑦数量・図形、⑧文字等への関心・感覚、⑨言葉による伝え合い、⑩豊かな感性と表現—の10の姿として提示している。これは、5歳児修了までにできるようになる到達目標ではないことを理解しておく必要がある。子ども一人ひとりが「できるできない」といったことではなく、この10の姿のように育ってほしい姿に向けて指導を行うといった方向性を示しているものである。5領域の「ねらい」だけでは、修了時にどれくらい資質・能力が育んでいるのかが分からないことと、5領域を使用しない小学校への接続を分かりやすくしたものでもある。

幼児教育が小学校における「知識及び技能」「思考力、判断力、表現力」「学びに向かう力、人間性等」の3つの柱となる資質・能力を身につけていくように、学習の基盤が培われるように行われるように円滑に接続することが重要である。

図表13-1　幼児教育と小学校教育との接続成

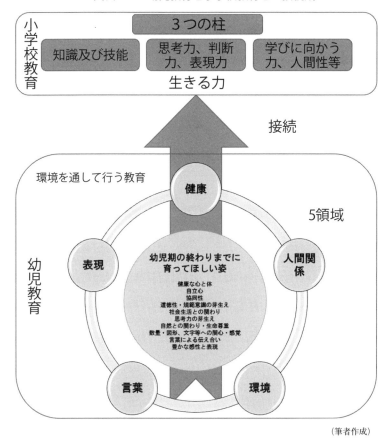

(筆者作成)

　改訂された幼稚園教育要領では、総則第3の5「小学校教育との接続に当たっての留意事項」には次のように記載されている。

　(2) 幼稚園教育において育まれた資質・能力を踏まえ、小学校教育が円滑に行われるよう、小学校の教師との意見交換や合同の研究の機会などを設け、「幼児期の終わりまでに育ってほしい姿」を共有するなど連携を図り、幼稚園教育と小学校教育との円滑な接続を図るよう努めるものとする。

保育者と小学校教師との合同研究会の開催について、幼児教育と小学校教育との円滑な接続のために、「幼児期の終わりまでに育ってほしい姿」を共有し連携を図ることを強調している。

第2節　接続期のカリキュラム

　幼児期の教育と小学校の教育の接続を考慮した接続期カリキュラムがある［国立教育政策研究所、2015］。この接続期カリキュラムは、図表13-2に示すように、幼児期に行うアプロー

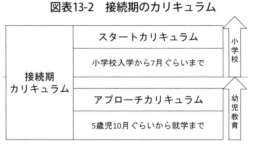

図表13-2　接続期のカリキュラム

（筆者作成）

チカリキュラムと小学校入学後に行うスタートカリキュラムがある。就学前の幼児が円滑に小学校へ入学後、生活や学習へ適用できる。スタートカリキュラムを充実していくことが、1年生だけでなく、今後の6年間を支える主体的な学びの基礎を培うこととなる。

　スタートカリキュラムとは、小学校へ入学した子どもが、幼稚園、保育所、こども園などの遊びや生活を通した学びと育ちを基礎として、主体的に自己を発揮し、新しい学校生活を創り出していくためのカリキュラムのことである。これは小学校に入学後、ゼロからのスタートではなく、幼児期の学びの芽生えと児童期の自覚的な学びをつなぐためのスタートカリキュラムである。幼児期の教育と小学校教育を円滑に接続するために重要な役割を担っているカリキュラムである。

　アプローチカリキュラムとは、就学前の幼児が円滑に小学校の生活や学習へ適応できるようにするとともに，幼児期の学びが小学校の生活や

学習で生かされてつながるように工夫された、5歳児のカリキュラムである。おおむね5歳児の10月ぐらいから就学前までの期間に行われることが多い。各自治体によりさまざまなカリキュラム案が提示されている状況である。

1　小学校のスタートカリキュラム

　2008年の「小学校学習指導要領解説生活編」では、「学校生活への適応が図られるよう、合科的な指導を行うことなどの工夫により第1学年入学当初のカリキュラムをスタートカリキュラムとして改善することとした」と記載されている。これによりスタートカリキュラムの活用が広がっていくこととなる。2017年改訂の「小学校学習指導要領解説生活編」では、「特に、小学校入学当初においては、幼児期において自発的な活動としての遊びを通して育まれてきたことが、各教科等における学習に円滑に接続されるよう、生活科を中心に、合科的・関連的な指導や弾力的な時間割の設定など、指導の工夫や指導計画の作成を行うこと」と示された。幼児期の子どもの発達と学びを考慮して、入学当初において、生活科を中心とした合科的・関連的な指導をしていくこと、スタートカリキュラムの充実を重視している。合科的・関連的な指導とは、生活科の扱う大単元で、図画工作や国語科の内容を実施することである。

2　生活科を通した幼児教育との連携・接続

　小学校入学後に幼児教育との連携・接続が考えられる教科の一つとして生活科があげられる。この生活科の学習指導要領の内容は9つあり、その中から幼稚園教育要領の環境に関連するものが3つある。生活科の学習指導要領と幼稚園教育要領の環境の内容の関連について**図表13-3**に示す。

　これらの生活科の各内容には自然環境と気付きが含まれており、幼稚園教育要領の環境の内容の「不思議さに気付く」「試したり工夫して遊ぶ」「動植物に親しみをもつ」などの関連性がある。保育内容環境と生

図表13-3　生活科の学習指導要領と幼稚園教育要領の環境の内容の関連について

生活科の内容（2017年改訂）	幼稚園教育要領の環境の内容（2017年改訂）
(5) 身近な自然を観察したり，季節や地域の行事に関わったりするなどの活動を通して，それらの違いや特徴を見付けることができ，自然の様子や四季の変化，季節によって生活の様子が変わることに気付くとともに，それらを取り入れ自分の生活を楽しくしようとする。	(2) 生活の中で，様々な物に触れ，その性質や仕組みに興味や関心をもつ。 (3) 季節により自然や人間の生活に変化のあることに気付く。
(6) 身近な自然を利用したり，身近にある物を使ったりするなどして遊ぶ活動を通して，遊びや遊びに使う物を工夫してつくることができ，その面白さや自然の不思議さに気付くとともに，みんなと楽しみながら遊びを創り出そうとする。	(1) 自然に触れて生活し，その大きさ，美しさ，不思議さなどに気付く。 (4) 自然などの身近な事象に関心をもち，取り入れて遊ぶ。 (8) 身近な物や遊具に興味をもって関わり，自分なりに比べたり，関連付けたりしながら考えたり，試したりして工夫して遊ぶ。
(7) 動物を飼ったり植物を育てたりする活動を通して，それらの育つ場所，変化や成長の様子に関心をもって働きかけることができ，それらは生命をもっていることや成長していることに気付くとともに，生き物への親しみをもち，大切にしようとする。	(5) 身近な動植物に親しみをもって接し，生命の尊さに気付き，いたわったり，大切にしたりする。

（筆者作成）

活科の小学校教育との連続性がわかり、幼児教育からみた将来の小学校教育の学ぶべき内容の一部を知ることができ、連携・接続を進めていくうえでの情報の一つとなる。

3　円滑に連携・接続をするためには

(1) 幼稚園等と小学校の違い

円滑に連携・接続をしていくためには、まず、幼稚園、保育所、こども園等と小学校の特徴と違いを理解する必要がある［三浦光哉、2017］。教育課程において、幼児教育では5領域（健康、人間関係、環境、言葉、表現）で、子ども一人ひとりに応じた環境を通した総合的な学びが行われていることが特徴である。一方、小学校においては、各教科等の学習内容を系統的に学び、教科書を中心として学習し、教育目標を達成して

いることが特徴である。さらに1日の流れの違い、保育室の遊びのコーナーや、素材、掲示など環境構成と小学校の授業に集中できるように教室の掲示をシンプルにしていることなどの違いがある。

保育者と小学校教師の合同研修・合同研究会［秋田喜代美、2013］をとおして、保育者と小学校教師等の交流、コミュニケーションがとれ、お互いの授業参観をすることにより、園児・児童の実態をすることができる。

(2) 連携・接続をしていくために

連携については、次の2つが考えられる。一つは、「園児・児童の交流」であり、園児と児童が直接交流することである。たとえば、小学校で一緒に給食を食べることや運動会に参加すること、園の発表会に招待することなどがある。もう一つは「保育者と教師の交流」である。保育者と小学校教師が合同研修会、授業参観などを通してお互いの教育内容

図表13-4　幼稚園等と小学校の連携・接続の例

	幼稚園、保育所 幼保連携型認定こども園（保育者側）	小学校 （教師側）
相互研修	小学校教師との合同研究会の実施 小学校へ訪問する 授業参観をする 小学校の「学習指導要領」を理解する にそった1日の時間割流れを学ぶ 各教科の学習内容 学習環境 「知識及び技能」、「思考力、判断力、表現力」、「学びに向かう力、人間性等」	保育者との合同研究会の実施 園へ訪問する 保育参観をする 「幼稚園教育要領」「保育所保育指針」「幼保連携型認定こども園教育・保育要領」を理解する 1日の流れ 環境を通して学ぶ 遊びを通して学ぶ 子どもの主体性を大切にする 5領域（健康、人間関係、環境、言葉、表現） 総合的に学ぶための環境構成 幼児期の終わりまでに育ってほしい
	園児	児童
相互研修	園のできごとをおたよりにする 生活発表会などに招待する 小学校で給食を一緒に食べる 運動会などの行事に参加する 生活科の授業に参加する 学校体験に参加する	園児を小学校へ招待する 一緒に運動会をする 一緒に給食を食べる さつまいもを栽培・掘りを一緒にする 学習発表会を合同で行う 遊びを通して学ぶ

（筆者作成）

や子どもの発達段階などを理解することである。**図表13-4**に示すように保育者側は、小学校の教育内容のことを理解し、教師側は、幼稚園等の環境を通して行う教育内容をそれぞれに理解することが大切である。園児や児童については、5歳児が小学校で交流を行うときに、低学年との交流や高学年との交流などの取り組みが行われることにより、園児は小学校をより身近に感じられるようになる。

　さらに例えば、保育者と小学校の教員が「さつまいもの栽培と収穫」についての指導案の作成することにより、子どもの発達段階に応じたねらいや支援、援助等をお互いに理解するようになることにもつながることである。このような教師同士の連携によって協同的で互恵的な雰囲気により、子ども同士の良い連携につながることが考えられる。

【引用・参考文献】

秋田喜代美・第一日野グループ編著『保幼少連携─育ちあうコミュニティづくりの挑戦』ぎょうせい、2013年

[国立教育政策研究所] 教育課程研究センター 編『スタートカリキュラムスタートブック』国立教育政策研究所教育課程研究センター、2015年

内閣府・文部科学省・厚生労働省『〔平成29年告示〕幼稚園教育要領 保育所保育指針 幼保連携型認定こども園教育・保育要領＜原本＞』チャイルド本社、2017年

三浦光哉編著『5歳アプローチカリキュラムと小1スタートカリキュラム』ジアース教育新社、2017年

無藤 隆監修『幼稚園教育要領ハンドブック』（イラストたっぷりやさしく読み解く）学研教育みらい、2017年

和田信之「幼稚園、保育所と小学校における教員・保育士の相互理解の促進」2010年、P.12-17

（岩渕善美）

第14章 特別な支援を必要とする子どもと領域「環境」

第1節 多様化の社会の中で

　WHOは、健康の定義を以下のようにしている。「健康とは、病気でないとか、弱っていないということではなく、肉体的にも、精神的にも、そして社会的にも、すべてが満たされた状態にあることである（日本WHO協会訳）。つまり、WHOが示す「健康」とは、身体的なことはもちろん、心理的にも社会的にも健全な状態であることをを指す。

　現在、世界はグローバル化が進んでいる。それは、私たちの身近にも色々な文化や考えがあることを指す。つまり、自分の周囲には自分と異なった国籍や宗教、社会的な地位などの人が存在しているということである。しかし、私たちは日常的に「みんなと同じ」であることを好む。例えば、「カレー」の有名な店で「オムレツ」を食べている人がいると、周囲の人は、「なぜこの人はカレーを食べないでオムレツを食べているんだろう」という驚きの視線を送るのである。また、スマートフォンなどの通信機器を持たない人がいたとしよう。私たちは「どうしてこの人はあんなに便利な物をもたないんだろう」と考えてしまわないだろうか。このように、私たちは「自分と同じでない」ことに戸惑いを感じる。それは裏返せば、「自分と同じことで安心する」という心の現われであろう。このような世の中では、一般的に「少数派＝マイノリティ」の立場にいる人は、心理的にも社会的にも健全な状態は保てない。私たちは、少数派の人を理解し、「多数派＝マジョリティ」の人と同じ感覚で生活を送ることができる環境を整備していくことが必要とされているのである。

第2節 保育における「特別な支援を要する子ども」とは

それでは、保育の中にはどのような「特別な支援を要する子ども」が存在するだろうか。一般には以下のような子どもが対象になると思われる。

① 障害がある子ども
② 病気を患っている子ども
③ ひとり親の子ども
④ 虐待を受けている、あるいは虐待を受けていた経験がある子ども
⑤ 外国籍、あるいは外国で生活を送っていた日本籍の子ども
⑥ 養育者（保護者）が経済的に困窮している子ども

保育者はこのような状態にある子どもに対し、個々に応じた環境の配慮を行う必要がある。なお、このような支援は非常に繊細であり、かつ支援の内容や方法も多様であるため、「特別な支援（ニーズ）」と言われている。幼稚園教育要領の総則第5章には、「特別な配慮を必要とする幼児への指導」として、①障害のある幼児および②海外から帰国した幼児や生活に必要な日本語の習得に困難のある幼児の幼稚園への適応、が記載されている。なお、本章では、障害がある幼児に焦点をあてて考えていく。

第3節 特別な支援が必要な子どもと「環境」

1 障害がある子どもとは

一口に「障害」と言っても、多様な形態がある。保育所や幼稚園ではどのような子どもが在籍しているのであろうか。例えば「身体的な障害」「発達の遅れ」「言葉の遅れ」「関係性の困難」「行動上の困難」「集団生活での困難」、そして「自己コントロールすることの困難」などが

ある子どもの存在が考えられる。個々の配慮の内容や方法は異なるが、共通して言えることは、「合理的配慮」の必要性である。合理的配慮とは、2016年4月から施行されている「障害者差別解消法（正式名称:障害を理由とする差別の解消の推進に関する法律）」から導入されている考えである。つまり「①　障害のある人の人権が障害のない人と同じように保障されている、②　教育や就業、その他社会生活において平等に参加できるよう、それぞれの障害特性や困りごとに合わせた配慮が行われる」ことが「合理的配慮」とされているのである。行政・学校・企業などの事業者は、このような合理的配慮を可能な限り提供することが求められている。

　保育においても、障害を持つ子どもが日常生活の中で「困った」という感覚を感じないように配慮することが求められる。特に発達障害の子どもについては、以下のような環境の具体的な配慮が求められる。

2　障害がある子どもへの日常生活における具体的な配慮

(1) 絵カードなどの視覚的な情報を取り入れる

　発達に遅れがある子どもには、「絵カード」などの視覚的な情報を多く用いると有効である。例えば一日の流れを図示して並べ、掲示しておくことにより、園での生活を見通しを持って過ごすことができる。また、マグネットなどで、現在の活動を示しておくことで、次に何をすべきかを自分で判断できるようになる。

(2) 空間の配置を工夫する

　光などの刺激や注意力が弱い子どもがいる場合は、子どもがドアや窓に背を向けるように座るようにする。また、コミュニケーションが取りにくいと思われる子どもには、一人になれる空間や、壁に向いて作業ができる空間を保障することも大切である。また、音に敏感な子どもには椅子の脚にカバーを付ける、ときに応じて「イヤーマフ」などを装着する、などの配慮も必要となる。

また、保育者は、①常に自分の立ち位置に気を配る、②保育室内の装飾を工夫する（あまりに多い装飾では落ち着けない）、③常に子どもの目線になって考える（実際に子ども用の椅子に座ってみるなど）—などの配慮を行い、子どもが安心して過ごせる環境を構成する必要がある。

(3) 環境の変化に対する配慮

保育は日常生活の連続性の中で営まれことが望ましい。しかし昨日行った外遊びが今日は雨で行えない、いつも通っている散歩道が今日は工事で通れない、などの変化は日常的に起こりうる。また、園生活に潤いやワクワクする心を与えてくれるものとして行事がある。行事には、生活発表会や運動会、遠足などがあるが、これらの行事に向けての練習や製作などの活動は、日常的には遊びの時間とされている時間に行われる場合も多い。また、行事当日の雰囲気は、日常とは異なったものであり、登園から降園まで、日常とは全く異なった行動が求められる。

障害を持った子どもに中には、このような変化にとても敏感なため、その場に即した行動を取ることができない場合がある。保育者は、子どもの周囲で起こりえる変化を敏感にキャッチし、子どもがその変化に対応できるような環境を整える必要がある。そうすることで、子どもは安心感を持って生活を送ることができるのである。

(4) 行動の切り替えに対する配慮

もうすぐ昼食の時間なのに遊びに夢中である、降園の時間を過ぎているのに帰ろうとしない、など障害を持った子どもの中には、次の行動への切り替えが苦手な場合がある。このような場合にはどのような環境の構成が必要となるのだろうか。

①「その子専用の時計」を作り、遊びの時間を明確にする

例えば通常の時計の横に、その行動の終わりの時間を記した「その子専用の時計」を子どもが見えるところに置いておく。そうすることで、「あと○○分だな」と次の行動への切り替えの気持が早くから準備でき、スムーズに次の行動に移行できる。

②「その子が興味を持てる遊び」を十分にできる環境を保障する

　子どもは、自分が「十分に遊んだ」という気持ちを持つことによって、次の行動に切り替えることができる。無理に次の行動を押し付けるのではなく、その子が好きな遊びを十分にできる時間を保障するとともに、時には予定していなかった時間にもその遊びを加えるなど、臨機応変で柔軟な保育を行っていくことも必要である。

③「その子が好きな先生」と一緒にいることができる時間を配慮する

　保育者であっても、「少し苦手な子ども」がいるように、子どもにも「気が合わない」先生は存在する。なるべく「その子が好きな先生」といることができる時間を増やすことも一つの方法である。子どもも「好きな先生＝信頼が持てる先生」とならば、すんなりと次の行動に移せる場合がある。しかし、それが「担任の先生」である場合、他の子どもとの関わりが薄くなってしまうことも考えられる。フリーの先生や主任の先生などとも連携を取り、クラス全体に関わりを持つことができるクラスを作っていくことも大切である。

④子どもに自己決定する機会を作る

　設定した時間や約束した時間が来ても、次の行動に移せない子どもがいる。そんなときは、「時間だから」と無理に次の行動に移すのではなく、「××時だからみんなは△△をするけれど、○○ちゃんはどうする？」と聞いてみる。そこで、「ハッ！」と気づくかもしれない。それでも「やりたい」という気持ちが強いときは、「じゃあここまでね（時間延長の提示）」「あと○○と△△で遊ぼう（種類や回数の約束）」「○回やったらおしまいにしようか（終了の約束）」などを試みる。しかし、このような約束も最初から守れる訳ではない。少しずつ周りの状況が分かる中で、できていくものである。保育者はゆとりの心で接していくことが大切なのである。

(5) 常に「分かりやすい」ことばと環境構成を心がける

　「みんなここに集合～！」とクラスの子どもを呼んだとき、子どもた

ちは自然と保育者の近くに駆け寄ってくれると思っていないだろうか？障害が持った子どもは、「ここ」がどこを指すのかがわからない。お帰りの時間などのとき、子ども同士がおしゃべりしていると、「少しおしゃべりするのは我慢しましょう」と言うこともあるだろう。しかし、障害を持った子どもは、「少し」がどれくらいの時間を指すのかが分からない。結果、待てないまま、またしゃべり出してしまうことがある。片付けをするときや降園のときに、「お片付けしましょう」や「帰りのお仕度をしてください」と話すことはないだろうか？　障害を持った子どもは、何をどのようにしまえばいいのか、何を支度していいのかが分からないことが多い。

　このような保育者の対応は何が問題なのだろうか。それはことばの曖昧さである。例えば「ここに」という言葉だけではなく、円や線を書き、「この円の中に」「ここからここまでの間に」とすれば、分かりやすい。「少し」とせずに、時計などを示して、「時計の針がここに来るまで」と言えば理解できる。また、のりやクレヨンなどの自分の道具を片付けるときは、「どこにどのように片づけるのか」という見本が表示されれば効果的である。また、お帰りの支度は、絵カードを見せながら、「次は〇〇をカバンに入れましょう」や「△△と××をカバンに入れます」などの言葉掛けがあると、戸惑うことなく準備ができる。保育者はこのように分かりやすい言葉がけなどの適切な配慮が必要である。

3　行事など特別な環境における配慮

　行事などの特別な環境は、障害を持つ子どもにとって「いつもと違う」という大きな不安を抱かせる。そしてそれは、練習や準備の段階から始まっている。どうしても「できないこと」や「苦手なこと」が多い障害を持つ子どもたち。他の友だちと一緒に「楽しく」行事に参加するためには、どのような配慮が必要となるのだろうか。

(1) 少しずつ行事の中に溶け込めるような配慮を

通常の保育とは異なった保育の流れや内容の中で、障害を持つ子どもたちは常に大きな緊張を感じている。「いつもと違う」ことに無理に慣れさせようとせず、まずはじっくりと「好きなことができる時間」を保障しよう。「好きなことができた」という満足感を得ることで、行事にも関心を持つことができる場合がある。

また、行事の練習や製作などには最初から無理に参加させようとしないことも大切である。例えば、友達がやっていることを遠くから見る（正統的周辺参加）ことから始め、ごっこ遊びなどの「真似」を行う。その後クラスの仲間に入るなど、段階を追って参加していくことが大切である。しかし、そのような段階を経た後でも、「分からない」ことが多く、混乱してしまう子どもが多い。そのようなときには、「いいんだよ」「大丈夫だよ」という声かけや、「見本」を確認することで、子どもが常に「自分の居場所」と感じるような安心できる環境を準備することを、心がける必要がある。

(2) 子どもの負担になっていないかを常に考える

子どもは無意識に保育者や保護者の期待に応えようとする。辛い状況であっても、我慢して周りの状況に合わせようとすることもある。子どもが普段よりも元気がなかったり、反対に攻撃的になったりしているときは、子どもの過剰なストレスを表現しているのかもしれない。常に子どもの状態に注意を払うことが必要である。

(3) 個々の発達を見極め、違いを認める環境を作る

友だちと同じことができるだけが成長ではない。保護者と情報を共有し、個々の子どもの成長に合わせ、時には保育者や保護者が子どもに寄り添いながら行事を体験していくことも必要である。

特に作品展などは子どもの個人差が出やすい。展示方法に配慮する、作品にことばを添える、などの工夫をすることで、他児や保護者が「違い」の面白さを感じ、物事の多様性に気づく関わりをしていくことが大

切であろう。

　また、運動会などで勝負が可視化できる場合、「○○ちゃんがいるから負ける」などの意見が子どもから出ることもある。このような意見は、「勝ちたい」と考える子どもたちの感情を考えると当然のことである。一方、大人（保育者）の中には、そのような意見を「いけないこと」「思いやりのない発言」と否定的に捉えることがある。このような発言も発想を転換し、「じゃあ、どうすれば勝てると思う？」と子どもたちに問いかけてほしい。子どもたちも自分たちなりに方法を考える。例えば「○○ちゃんは△番目に走るのがいい」「○○ちゃんと仲良しの△△ちゃんにバトンを渡せばいいんじゃない？」「僕がうんと走るから大丈夫」、「走る距離を短くすればいい」などの意見が出てくるかもしれない。

　このように障害を持つ友だちの立場を考える中で、障害がある子ども、ない子ども、それぞれの存在意義を認め、新しい環境を作り出していくきっかけとなることも多い。保育者も自分だけで環境を作ろうとせず、クラスの友だちや保護者との関係性の中で障害を持った子どもの環境を作り出していく支援が必要なのである。

【引用・参考文献】
赤木和重・岡村由紀子編著『「気になる子」と言わない保育』（保育実践力アップシリーズ）ひとなる書房、2013年
久保山茂樹『まるっと1年マンガでなるほど　気になる子の保育』（ひろばブックス）メイト、2017年
柴崎正行編著『障がい児保育の基礎』わかば社、2014年

（副島里美）

第15章 現代社会に内包する環境問題

第1節 環境問題

　日本人は農業を中心にした生活をし、豊かな四季の変化に合わせて和歌や俳句に季節の移ろいを織り込み、自然を敏感に感じ取り、自然の変化を楽しんできた民族であった。

　現在地球環境は地球の温暖化で、21世紀末には20世紀と比べて6℃程度気温が上昇し、海面は59cm上昇することになり、地球が海になってしまうことが予想される。また、オゾン層の破壊、環境ホルモンやダイオキシン、水質汚染、ゴミの大量化、里地・里山の放棄など深刻になっている。里山が放置されたことで、山にいたクマやイノシシなどが里山に下りてきて、人と遭遇すると大きな事故につながってしまうこともある。

　これには数々の原因があるが、一番大きな原因は人間による自然破壊なのである。このように今地球環境は大変な状況に置かれている。

第2節 複雑化する人間関係

　現在60歳代後半の団塊の世代と呼ばれる人々は、結婚して家庭を持ったときに核家族という家庭形態を選んだ。これにより家庭内で子どもをしつける担い手が減ったことで、子どもたちは好き勝手に育ち、わがままな子どもたちが増えた。この子どもたちが団塊ジュニアと呼ばれる今

の30代後半から40代前半である。そして今、その団塊ジュニアの世代が子どもを産み、しつけができない親になっている。そして親と子どもの距離は遠くなり、かつての伯父・叔母くらいの距離でしかなくなってしまっている。

　団塊の世代は実家の両親の援助も受けることができた。しかし、ジュニア世代は実家の援助が受けられず、近所との関係も希薄になり、隣の家庭状況も把握できない住宅環境である。そのため母親と子どもだけの孤立した家庭の環境下で、子育てに悩んでいる母親もいる。

　しかし、団塊世代もジュニア世代も自分の子どもを急に社会に放り出した訳ではなく、両者ともこのような社会環境下で育てられてきた。社会は高度成長期という社会的環境を産みだし、核家族を余儀なく選択させられ、子ども時代に親との関わり不足の事態の中で成長してきた。その結果、自分の子育てのときにどのように子どもに関われば良いのか分からず、結局子どもとの関わり不足の自由放任勝手主義を子どもに養ってしまうことが多かった。

　いつの時代も子育てについて未熟な親たちが、前の世代の人間の作り出した社会環境の影響を受けながら、大変な状況下で子育てをしていることがうかがえる。

　現在の社会環境は人間関係の距離間が保てないことで、人間関係を結ぶことを嫌い、人を排除しないと生活することができない人間を排出しているのが社会環境にある。

　そのため、ジュニア世代の母親は、子どもの父親の仕事が忙しくほとんど自分一人で子育てに向かっていることになった。一方父親も社会生活するための課題に向かいながら、悪戦苦闘を重ねている。そして体調を悪くし、療養休暇を取得せざるをえない父親も出現してきている。更に父親も自由放任勝手主義的に育てられていることがないため、妻の子育ての大変さを感じ取れることが少なくなってきている。

　このようにジュニア世代の両親は子どもを嫌いな訳ではないが、あや

しても泣きやまない我が子を憎らしく思うことが当然であると思う人もいる時代となっている。このように人間が作り出した社会環境に翻弄(ほんろう)されながら、人間関係の希薄化の中、なお人間関係の複雑さを余儀なく構成されつつ、子育てを必死にしているのが母親たちである。

第3節　IT－情報化社会

　テレビはもちろんのこと、DVD・ゲームやパソコンやインターネットの普及率は著しいものがある。また、子どもたちの学ぶための教材の開発も盛んになされ、それらがゲームソフト化されて、ちまたにあふれかえっている。

　子どもにとってテレビ・DVD・ゲームは「百害有って一利なし」である。なぜならばこれらは画面が動くので、その動きに目が奪われてしまい、そこから何かを想像することができなくなる。また、一つのドラマが30分か1時間で完決するように作られている。すると子どもは、自分の人生も30分か1時間で終わる状況を感じ取っていることになる。

　例えばトマトは苗を春に植えて夏の暑い太陽の日差しをたくさん浴びて真っ赤な実が成るように、時間の経過が必要なことを感覚として身につけなくてはならないのである。また、実写とは異なる表現の仕方でスローな雪の降り方とか、異常に大きなりんごである場合がある。

　子ども時代は、特に本物を見て感じて育って成長して行くことが重要である。そしてこれらを子ども時代に身に付けてしまうと、自分の構築して行く人生を「早くと急かされ」「実写でない感覚が培われる」ことは、成人したときにそのような人生を知らず知らずの内に生きて行くことになりかねないのである。

　つまり、子ども時代の幼い時にこれらの重荷を背負わされてしまったら大変なことになる。自分の人生を自分で早めてしまい、その結果、そ

こで時間を掛けながらゆっくり人生を楽しみながら生きることができなくなりやすいのである。ただ任務のためにだけ生きているような人生に陥ってしまう。

　もしかしたら、今子育てをしているお父さんお母さんもそのような人生を背負わされてしまっている一人なのかもしれない。そして、そのことが食物連鎖のように、子育ての連鎖が影響していると言わざるをえないのが今の状況である。

第4節　未来に向かう保育

1　日本人の自然の捉え方

　私たち日本人は自然と共に生きてきた経緯がある。つまり私たち自身が自然の一部であり、同時にまた自然の中に私たちがいるというのが、基本的な考え方である。そのために人間の生活のルールは、つねに自然の法則が手本であった。つまり、自然のルールは人生のルールであり、その伝統が日本における教育の基本で、それを行う場所が家庭であり、あるいは社会であった。そのことが日本人の心を豊かにしてきた。

　したがって、なにか思わぬ災害にあっても、心の休まる世界を私たちは持っており、自然の中に包まれて山を見大きな安らぎを得る。そしてまた、日々の生活の意欲を抱いて、新しい一歩を踏み出すのである。私たちにとって自然とは、慰めと活力を与えてくれる心の故郷なのである。いわば心の原点、魂の故郷を自然に求めるということは、大きな意味では、日本人の生活の基本的な知恵であった。

　山は自然にそこにあり、風は自然に吹いている。すべて自然にそのようになっているのだから、万物の生成は無因に生じたものである。つまり、自然界（宇宙）や、自然物（地、水、木、風、草、花）を人間の意志

では変えることのできない大宇宙の一つの生き物であることが分かる。だから日本人は自然をあがめ奉りながら生きる指針として、自然と調和しながら生きてきた。

2 自然法則を育自し予想する力を持つ

　子どもが生きていく道を紡いでいく「生き抜いていく力」の基礎の感性と、「人と人が支え合う力」の関係性が「育自」され、予想する力を持つためには、子どもを直接自然界や自然物に投入し溶け込ませることで、自然界や自然物が子どもの内に投入され、溶け込んでいく混然一体の関係が育つのである。その結果子どもは心身共にそこに溶け込み、すべてが解き放され、自分以外の他者にゆだねられる感覚が育てられる。

　つまり、子どもは自然の環境の中に投入されると、その自然環境に合わせる作業の連続の中で、自分の思いだけを表現しても遊びは展開されないことを知る。まず自然環境（相手）に合わせることをし、その次に自分をそこに加える作業をすることで、両者がうまく織りなしたときに遊びは初めて展開でき、子ども本来の遊ぶ楽しさが味わえる。

　森の中では、いろいろな四季の変化の神秘さをワクワクしながら体感する作業の連続である。例えば雨粒は、園の木々や草花はもちろんのこと、トマトやキュウリにも生命の命の泉を与えるエネルギーを持っている。雨上がりの散歩は雨粒で一杯である。子どもたちのカッパにも一杯雨粒が付き濡れるが、草の葉っぱや杉の葉っぱに太陽の光が当たると虹色の雨粒が登場する。子どもたちと一緒に「杉の木の雨粒を見よう」と指そうと、「虹みたい・赤・青・オレンジ」と言い、そのことに慣れてくると自分達で雨粒を見つけだす。また、クモが元気よく木から木へと糸を張る自然の織りなす様は、子どもたちは「クモの巣だ、トンボが引っ掛かっている、とってやろう」の思いやりも出現してくる。何ものにも代えがたい神秘的な現象を見ながら、困っているトンボがいれば自然に助けてあげている子どもたちである。逆に園の桜の木に大量の毛虫

が発生し葉っぱを食べてしまったときには、子どもたちと毛虫を殺した。毛虫の命の大切さも知っているが、桜の木の葉っぱも生きている両者が共存できないことも子どもたちは自然と体験することで理解をする。
　また、子どもは自然界の中では小さな存在だが、子どもの思いは宇宙よりも大きく、限りなく広がっていく思いが湧き水のごとく途切れることのない存在であることを感じることができる。そのことを感じるために具体的には、高い木を見つけ木に耳を当て木の中の水の音を聴き、木に手を当てて自分の願いごとを心で一分間静かに目を閉じて唱える。自分の願いは宇宙まで飛んでいって、必ず自分の願いごとは自分のところに戻ってきて、かなうことを子どもたちに伝えている。なぜならば、人間は自分で願いごとを思わなければ実現しないからである。
　これらを身に付けることで、子ども自らが先を見通す力つまりクリエイティブな力を持つことができる。1984年に科学技術庁が日本を代表する科学者約70名に対してとったアンケートでは、「なぜ、あなたはそのようなクリエイティブな研究ができたか？」という質問に対して、ダントツでトップとなった答えが、「自然の中で自由に遊んだから」だったのである。
　子どもたちは以上のような経験を数限りなく体験して行くと、自然に自然法則を尊重し、自らが生きる感性を育て、更に予想する力を持つことができるのである。

3　保育内容に自然体験を活用

　筆者の園の保育内容を以下に記載することとする。筆者の園は自然保育を保育形態に取り入れている。
　保育内容は自然体験を媒介に、日本古来の行事と、絵本の読み聞かせの3つを活用している。具体的な支援方法は、自然体験と本の読み聞かせと身体表現を毎日実践している。
　自然体験は天候（雨、風、雪）にかかわらず毎日野外に出掛けている。

コースは園舎の周り360度全てが自然環境に包まれているので、天候と子どもたちの状態と曜日により決めている。月曜日は土日自宅にいた次の日のため、集中力が少し低下することを考慮しながら場所を決定している。他の曜日では入園した頃から毎日3kmは歩きながら、遊び散歩をしている。入園し6カ月過ぎた10月頃からは、一日5kmは歩きながら遊びつつ散歩をしている。

　身体表現は自然体験したことを、帰りの会のときにお遊戯室で身体表現をすることを基本として行っている。なお子どもたちの基本の動作は、ピアノの曲に合わせて「歩く、スキップ、走る」、の3つをベースにして身体表現を展開し、その中に自然体験したことと、自宅や社会事象のできごとも織り交ぜながら毎日行っている。

　絵を描くことは、自然体験したことや見たものを月1回から2回位描き、必ず壁に貼り、子どもたちは友達の絵を見て、刺激を受け次の絵に生かせるようにしている。また保護者の方に見ていただき、子どもたちの成長を分かって貰えるように掲示をしている。

　日本古来の行事も季節と共に併用し、保護者の理解も得ながら行っている。例えばお月見行事では、ススキを子どもたちが園で取り、家庭に持ち帰ることをしている。それを受けて家庭では「お月見団子」を母親と子どもと一緒に作って、家族全員で食べてもらい月の美しさを感じたり、秋の収穫を祝うことを願って行ってもらっている。宇宙との一体感を家族と一緒に味わうことを連携する活動である。

　絵本は現実世界と空想世界の境目がなく、両者が混然一体となっているので感性豊かな幼児期には必要なものである。また知識も得られるし、言葉も覚え、やがて社会性も身に付く礎となって行くものである。

　これらを獲得するには、子どもたちに空間と時間と仲間を準備している。空間は四季を通して体と自然との混然一体感が味わえる環境と、小動物や草木花の生長過程と、昆虫が卵から成虫になるまでの過程の環境を設定している。時間は、子どもたちが主体的に活動できる1時間半を

確保している。この時間は筆者が子どもたちと6年間関わった経験から得た時間である。仲間は3・4・5歳児の縦割り保育形態を子どもたちに意図的に設定をしている。平成29年度は、3歳児7名、4歳児9名、5歳児7名の23人である。

　毎週金曜日にはかまどの火で料理を作り提供している。本物の味は子どもたちに大人気である。更に支援を心掛けていることは、子どもが自分の考えを友達の前で話す機会を持つことと、集団遊びを意図的に提供していることである。

　上記の保育内容の効果として、子どもは友達と遊びながら、人間関係や自尊感情や自己肯定感を自らが育て、やがて自分自身を確立して行くようになり、相手の動きでこちらが知らず知らずの内に動かされている姿になる。この動きこそ正に人間社会で生き抜いて行くクリエイティブな感覚であると言えよう。

　つまり、子どもたちは大人たちのつくり出した社会環境の中で、そのままを受け取り、成長していく特徴を持っている。そして、私たちは進んでいく社会環境の流れを食い止めることはできないが、保育者は子どもたちが自らを自然に育てることのできる自然環境を意図的に準備することが大切である。

【引用・参考文献】
　樋口清之『子育て日本史 日本人の品性・美意識の源流をたどる』PHP文庫、2015年
　無藤隆編著『THE保育-101の提言- vol.1』フレーベル館、2007年
　無藤隆編著「THE保育-101の提言- vol.2』フレーベル館、2008年

（寺島明子）

付録（関連資料）

◎幼稚園教育要領（平成29年 文部科学省 告示）── 抜粋

第2章　ねらい及び内容

　健　康
　人間関係
　環　境
　言　葉
　表　現

◎保育所保育指針（平成29年 厚生労働省 告示）── 抜粋

第2章　保育の内容

　1　乳児保育に関わるねらい及び内容
　　(1)　基本的事項
　　(2)　ねらい及び内容
　　(3)　保育の実施に関わる配慮事項

　2　1歳以上3歳未満児の保育に関わるねらい及び内容
　　(1)　基本的事項
　　(2)　ねらい及び内容
　　　ア　健　康
　　　イ　人間関係
　　　ウ　環　境
　　　エ　言　葉
　　　オ　表　現
　　(3)　保育の実施に関わる配慮事項

〔注〕「保育所保育指針」第2章所収の＜3 3歳以上の保育に関わるねらい及び内容＞については、「幼稚園教育要領」第2章とほぼ同様の内容なので、掲載していない。上記「要領」第2章を参照されたい。

◎幼稚園教育要領──抜粋
(平成29年　文部科学省 告示)

第2章　ねらい及び内容

健康
〔健康な心と体を育て、自ら健康で安全な生活をつくり出す力を養う。〕

1　ねらい
(1) 明るく伸び伸びと行動し、充実感を味わう。
(2) 自分の体を十分に動かし、進んで運動しようとする。
(3) 健康、安全な生活に必要な習慣や態度を身に付け、見通しをもって行動する。

2　内容
(1) 先生や友達と触れ合い、安定感をもって行動する。
(2) いろいろな遊びの中で十分に体を動かす。
(3) 進んで戸外で遊ぶ。
(4) 様々な活動に親しみ、楽しんで取り組む。
(5) 先生や友達と食べることを楽しみ、食べ物への興味や関心をもつ。
(6) 健康な生活のリズムを身に付ける。
(7) 身の回りを清潔にし、衣服の着脱、食事、排泄などの生活に必要な活動を自分でする。
(8) 幼稚園における生活の仕方を知り、自分たちで生活の場を整えながら見通しをもって行動する。
(9) 自分の健康に関心をもち、病気の予防などに必要な活動を進んで行う。
(10) 危険な場所、危険な遊び方、災害時などの行動の仕方が分かり、安全に気を付けて行動する。

3　内容の取扱い
上記の取扱いに当たっては、次の事項に留意する必要がある。
(1) 心と体の健康は、相互に密接な関連があるものであることを踏まえ、幼児が教師や他の幼児との温かい触れ合いの中で自己の存在感や充実感を味わうことなどを基盤として、しなやかな心と体の発達を促すこと。特に、十分に体を動かす気持ちよさを体験し、自ら体を動かそうとする意欲が育つようにすること。
(2) 様々な遊びの中で、幼児が興味や関心、能力に応じて全身を使って活動することにより、体を動かす楽しさを味わい、自分の体を大切にしようとする気持ちが育つようにすること。その際、多様な動きを経験する中で、体の動きを調整するようにすること。
(3) 自然の中で伸び伸びと体を動かして遊ぶことにより、体の諸機能の発達が促されることに留意し、幼児の興味や関心が戸外にも向くようにすること。その際、幼児の動線に配慮した園庭や遊具の配置などを工夫すること。
(4) 健康な心と体を育てるためには食育を通じた望ましい食習慣の形成が大切であることを踏まえ、幼児の食生活の実情に配慮し、和やかな雰囲気の中で教師や他の幼児と食べる喜びや楽しさを味わったり、様々な食べ物への興味や関心をもったりするなどし、食の大切さに気付き、進んで食べようとする気持ちが育つようにすること。
(5) 基本的な生活習慣の形成に当たっては、家庭での生活経験に配慮し、幼児の自立心を育て、幼児が他の幼児と関わりながら主体的な活動を展開する中で、生活に必要な習慣を身に付け、次第に見通しをもって行動できるようにすること。

(6) 安全に関する指導に当たっては、情緒の安定を図り、遊びを通して安全についての構えを身に付け、危険な場所や事物などが分かり、安全についての理解を深めるようにすること。また、交通安全の習慣を身に付けるようにするとともに、避難訓練などを通して、災害などの緊急時に適切な行動がとれるようにすること。

人間関係

〔他の人々と親しみ、支え合って生活するために、自立心を育て、人と関わる力を養う。〕

1 ねらい
(1) 幼稚園生活を楽しみ、自分の力で行動することの充実感を味わう。
(2) 身近な人と親しみ、関わりを深め、工夫したり、協力したりして一緒に活動する楽しさを味わい、愛情や信頼感をもつ。
(3) 社会生活における望ましい習慣や態度を身に付ける。

2 内容
(1) 先生や友達と共に過ごすことの喜びを味わう。
(2) 自分で考え、自分で行動する。
(3) 自分でできることは自分でする。
(4) いろいろな遊びを楽しみながら物事をやり遂げようとする気持ちをもつ。
(5) 友達と積極的に関わりながら喜びや悲しみを共感し合う。
(6) 自分の思ったことを相手に伝え、相手の思っていることに気付く。
(7) 友達のよさに気付き、一緒に活動する楽しさを味わう。
(8) 友達と楽しく活動する中で、共通の目的を見いだし、工夫したり、協力したりなどする。
(9) よいことや悪いことがあることに気付き、考えながら行動する。
(10) 友達との関わりを深め、思いやりをもつ。
(11) 友達と楽しく生活する中できまりの大切さに気付き、守ろうとする。
(12) 共同の遊具や用具を大切にし、皆で使う。
(13) 高齢者をはじめ地域の人々などの自分の生活に関係の深いいろいろな人に親しみをもつ。

3 内容の取扱い
上記の取扱いに当たっては、次の事項に留意する必要がある。
(1) 教師との信頼関係に支えられて自分自身の生活を確立していくことが人と関わる基盤となることを考慮し、幼児が自ら周囲に働き掛けることにより多様な感情を体験し、試行錯誤しながら諦めずにやり遂げることの達成感や、前向きな見通しをもって自分の力で行うことの充実感を味わうことができるよう、幼児の行動を見守りながら適切な援助を行うようにすること。
(2) 一人一人を生かした集団を形成しながら人と関わる力を育てていくようにすること。その際、集団の生活の中で、幼児が自己を発揮し、教師や他の幼児に認められる体験をし、自分のよさや特徴に気付き、自信をもって行動できるようにすること。
(3) 幼児が互いに関わりを深め、協同して遊ぶようになるため、自ら行動する力を育てるようにするとともに、他の幼児と試行錯誤しながら活動を展開する楽しさや共通の目的が実現する喜びを味わうことができるようにすること。
(4) 道徳性の芽生えを培うに当たっては、基本的な生活習慣の形成を図るとともに、幼児が他の幼児との関わりの中で他人の存在に気付き、相手を尊重する気持ちをもって行動できるようにし、また、自然

や身近な動植物に親しむことなどを通して豊かな心情が育つようにすること。特に、人に対する信頼感や思いやりの気持ちは、葛藤やつまずきをも体験し、それらを乗り越えることにより次第に芽生えてくることに配慮すること。
(5) 集団の生活を通して、幼児が人との関わりを深め、規範意識の芽生えが培われることを考慮し、幼児が教師との信頼関係に支えられて自己を発揮する中で、互いに思いを主張し、折り合いを付ける体験をし、きまりの必要性などに気付き、自分の気持ちを調整する力が育つようにすること。
(6) 高齢者をはじめ地域の人々などの自分の生活に関係の深いいろいろな人と触れ合い、自分の感情や意志を表現しながら共に楽しみ、共感し合う体験を通して、これらの人々などに親しみをもち、人と関わることの楽しさや人の役に立つ喜びを味わうことができるようにすること。また、生活を通して親や祖父母などの家族の愛情に気付き、家族を大切にしようとする気持ちが育つようにすること。

環境
〔周囲の様々な環境に好奇心や探究心をもって関わり、それらを生活に取り入れていこうとする力を養う。〕
1 ねらい
(1) 身近な環境に親しみ、自然と触れ合う中で様々な事象に興味や関心をもつ。
(2) 身近な環境に自分から関わり、発見を楽しんだり、考えたりし、それを生活に取り入れようとする。
(3) 身近な事象を見たり、考えたり、扱ったりする中で、物の性質や数量、文字などに対する感覚を豊かにする。

2 内容
(1) 自然に触れて生活し、その大きさ、美しさ、不思議さなどに気付く。
(2) 生活の中で、様々な物に触れ、その性質や仕組みに興味や関心をもつ。
(3) 季節により自然や人間の生活に変化のあることに気付く。
(4) 自然などの身近な事象に関心をもち、取り入れて遊ぶ。
(5) 身近な動植物に親しみをもって接し、生命の尊さに気付き、いたわったり、大切にしたりする。
(6) 日常生活の中で、我が国や地域社会における様々な文化や伝統に親しむ。
(7) 身近な物を大切にする。
(8) 身近な物や遊具に興味をもって関わり、自分なりに比べたり、関連付けたりしながら考えたり、試したりして工夫して遊ぶ。
(9) 日常生活の中で数量や図形などに関心をもつ。
(10) 日常生活の中で簡単な標識や文字などに関心をもつ。
(11) 生活に関係の深い情報や施設などに興味や関心をもつ。
(12) 幼稚園内外の行事において国旗に親しむ。

3 内容の取扱い
上記の取扱いに当たっては、次の事項に留意する必要がある。
(1) 幼児が、遊びの中で周囲の環境と関わり、次第に周囲の世界に好奇心を抱き、その意味や操作の仕方に関心をもち、物事の法則性に気付き、自分なりに考えることができるようになる過程を大切にすること。また、他の幼児の考えなどに触れて新しい考えを生み出す喜びや楽しさを味わい、自分の考えをよりよいものにしようとする気持ちが育つようにすること。

(2) 幼児期において自然のもつ意味は大きく、自然の大きさ、美しさ、不思議さなどに直接触れる体験を通して、幼児の心が安らぎ、豊かな感情、好奇心、思考力、表現力の基礎が培われることを踏まえ、幼児が自然との関わりを深めることができるよう工夫すること。
(3) 身近な事象や動植物に対する感動を伝え合い、共感し合うことなどを通して自分から関わろうとする意欲を育てるとともに、様々な関わり方を通してそれらに対する親しみや畏敬の念、生命を大切にする気持ち、公共心、探究心などが養われるようにすること。
(4) 文化や伝統に親しむ際には、正月や節句など我が国の伝統的な行事、国歌、唱歌、わらべうたや我が国の伝統的な遊びに親しんだり、異なる文化に触れる活動に親しんだりすることを通じて、社会とのつながりの意識や国際理解の意識の芽生えなどが養われるようにすること。
(5) 数量や文字などに関しては、日常生活の中で幼児自身の必要感に基づく体験を大切にし、数量や文字などに関する興味や関心、感覚が養われるようにすること。

言葉

〔経験したことや考えたことなどを自分なりの言葉で表現し、相手の話す言葉を聞こうとする意欲や態度を育て、言葉に対する感覚や言葉で表現する力を養う。〕

1 ねらい
(1) 自分の気持ちを言葉で表現する楽しさを味わう。
(2) 人の言葉や話などをよく聞き、自分の経験したことや考えたことを話し、伝え合う喜びを味わう。
(3) 日常生活に必要な言葉が分かるようになるとともに、絵本や物語などに親しみ、言葉に対する感覚を豊かにし、先生や友達と心を通わせる。

2 内容
(1) 先生や友達の言葉や話に興味や関心をもち、親しみをもって聞いたり、話したりする。
(2) したり、見たり、聞いたり、感じたり、考えたりなどしたことを自分なりに言葉で表現する。
(3) したいこと、してほしいことを言葉で表現したり、分からないことを尋ねたりする。
(4) 人の話を注意して聞き、相手に分かるように話す。
(5) 生活の中で必要な言葉が分かり、使う。
(6) 親しみをもって日常の挨拶をする。
(7) 生活の中で言葉の楽しさや美しさに気付く。
(8) いろいろな体験を通じてイメージや言葉を豊かにする。
(9) 絵本や物語などに親しみ、興味をもって聞き、想像をする楽しさを味わう。
(10) 日常生活の中で、文字などで伝える楽しさを味わう。

3 内容の取扱い
上記の取扱いに当たっては、次の事項に留意する必要がある。
(1) 言葉は、身近な人に親しみをもって接し、自分の感情や意志などを伝え、それに相手が応答し、その言葉を聞くことを通して次第に獲得されていくものであることを考慮して、幼児が教師や他の幼児と関わることにより心を動かされるような体験をし、言葉を交わす喜びを味わえるようにすること。
(2) 幼児が自分の思いを言葉で伝えるとともに、教師や他の幼児などの話を興味をもって注意して聞くことを通して次第に話を理解するようになっていき、言葉に

よる伝え合いができるようにすること。
(3) 絵本や物語などで、その内容と自分の経験とを結び付けたり、想像を巡らせたりするなど、楽しみを十分に味わうことによって、次第に豊かなイメージをもち、言葉に対する感覚が養われるようにすること。
(4) 幼児が生活の中で、言葉の響きやリズム、新しい言葉や表現などに触れ、これらを使う楽しさを味わえるようにすること。その際、絵本や物語に親しんだり、言葉遊びなどをしたりすることを通して、言葉が豊かになるようにすること。
(5) 幼児が日常生活の中で、文字などを使いながら思ったことや考えたことを伝える喜びや楽しさを味わい、文字に対する興味や関心をもつようにすること。

表現

〔感じたことや考えたことを自分なりに表現することを通して、豊かな感性や表現する力を養い、創造性を豊かにする。〕

1 ねらい
(1) いろいろなものの美しさなどに対する豊かな感性をもつ。
(2) 感じたことや考えたことを自分なりに表現して楽しむ。
(3) 生活の中でイメージを豊かにし、様々な表現を楽しむ。

2 内容
(1) 生活の中で様々な音、形、色、手触り、動きなどに気付いたり、感じたりするなどして楽しむ。
(2) 生活の中で美しいものや心を動かす出来事に触れ、イメージを豊かにする。
(3) 様々な出来事の中で、感動したことを伝え合う楽しさを味わう。
(4) 感じたこと、考えたことなどを音や動きなどで表現したり、自由にかいたり、つくったりなどする。
(5) いろいろな素材に親しみ、工夫して遊ぶ。
(6) 音楽に親しみ、歌を歌ったり、簡単なリズム楽器を使ったりなどする楽しさを味わう。
(7) かいたり、つくったりすることを楽しみ、遊びに使ったり、飾ったりなどする。
(8) 自分のイメージを動きや言葉などで表現したり、演じて遊んだりするなどの楽しさを味わう。

3 内容の取扱い
上記の取扱いに当たっては、次の事項に留意する必要がある。
(1) 豊かな感性は、身近な環境と十分に関わる中で美しいもの、優れたもの、心を動かす出来事などに出会い、そこから得た感動を他の幼児や教師と共有し、様々に表現することなどを通して養われるようにすること。その際、風の音や雨の音、身近にある草や花の形や色など自然の中にある音、形、色などに気付くようにすること。
(2) 幼児の自己表現は素朴な形で行われることが多いので、教師はそのような表現を受容し、幼児自身の表現しようとする意欲を受け止めて、幼児が生活の中で幼児らしい様々な表現を楽しむことができるようにすること。
(3) 生活経験や発達に応じ、自ら様々な表現を楽しみ、表現する意欲を十分に発揮させることができるように、遊具や用具などを整えたり、様々な素材や表現の仕方に親しんだり、他の幼児の表現に触れられるよう配慮したりし、表現する過程を大切にして自己表現を楽しめるように工夫すること。

◎保育所保育指針——抜粋
（平成29年　厚生労働省　告示）

第2章　ねらい及び内容

1　乳児保育に関わるねらい及び内容

（1）　基本的事項

ア　乳児期の発達については、視覚、聴覚などの感覚や、座る、はう、歩くなどの運動機能が著しく発達し、特定の大人との応答的な関わりを通じて、情緒的な絆が形成されるといった特徴がある。これらの発達の特徴を踏まえて、乳児保育は、愛情豊かに、応答的に行われることが特に必要である。

イ　本項においては、この時期の発達の特徴を踏まえ、乳児保育の「ねらい」及び「内容」については、身体的発達に関する視点「健やかに伸び伸びと育つ」、社会的発達に関する視点「身近な人と気持ちが通じ合う」及び精神的発達に関する視点「身近なものと関わり感性が育つ」としてまとめ、示している。

ウ　本項の各視点において示す保育の内容は、第1章の2に示された養護における「生命の保持」及び「情緒の安定」に関わる保育の内容と、一体となって展開されるものであることに留意が必要である。

（2）　ねらい及び内容
ア　健やかに伸び伸びと育つ

健康な心と体を育て、自ら健康で安全な生活をつくり出す力の基盤を培う。

（ア）ねらい

① 身体感覚が育ち、快適な環境に心地よさを感じる。

② 伸び伸びと体を動かし、はう、歩くなどの運動をしようとする。

③ 食事、睡眠等の生活のリズムの感覚が芽生える。

（イ）　内容

① 保育士等の愛情豊かな受容の下で、生理的・心理的欲求を満たし、心地よく生活をする。

② 一人一人の発育に応じて、はう、立つ、歩くなど、十分に体を動かす。

③ 個人差に応じて授乳を行い、離乳を進めていく中で、様々な食品に少しずつ慣れ、食べることを楽しむ。

④ 一人一人の生活のリズムに応じて、安全な環境の下で十分に午睡をする。

⑤ おむつ交換や衣服の着脱などを通じて、清潔になることの心地よさを感じる。

（ウ）内容の取扱い

上記の取扱いに当たっては、次の事項に留意する必要がある。

① 心と体の健康は、相互に密接な関連があるものであることを踏まえ、温かい触れ合いの中で、心と体の発達を促すこと。特に、寝返り、お座り、はいはい、つかまり立ち、伝い歩きなど、発育に応じて、遊びの中で体を動かす機会を十分に確保し、自ら体を動かそうとする意欲が育つようにすること。

② 健康な心と体を育てるためには望ましい食習慣の形成が重要であることを踏まえ、離乳食が完了期へと徐々に移行する中で、様々な食品に慣れるようにするとともに、和やかな雰囲気の中で食べる喜びや楽しさを味わい、進んで食べようとする気持ちが育つようにすること。なお、食物アレルギーのある子どもへの対応については、嘱託医等の指示や協力の下に適切に

イ 身近な人と気持ちが通じ合う
　受容的・応答的な関わりの下で、何かを伝えようとする意欲や身近な大人との信頼関係を育て、人と関わる力の基盤を培う。
（ア）ねらい
① 安心できる関係の下で、身近な人と共に過ごす喜びを感じる。
② 体の動きや表情、発声等により、保育士等と気持ちを通わせようとする。
③ 身近な人と親しみ、関わりを深め、愛情や信頼感が芽生える。
（イ）内容
① 子どもからの働きかけを踏まえた、応答的な触れ合いや言葉がけによって、欲求が満たされ、安定感をもって過ごす。
② 体の動きや表情、発声、喃語（なん）等を優しく受け止めてもらい、保育士等とのやり取りを楽しむ。
③ 生活や遊びの中で、自分の身近な人の存在に気付き、親しみの気持ちを表す。
④ 保育士等による語りかけや歌いかけ、発声や喃語（なん）等への応答を通じて、言葉の理解や発語の意欲が育つ。
⑤ 温かく、受容的な関わりを通じて、自分を肯定する気持ちが芽生える。
（ウ）内容の取扱い
　上記の取扱いに当たっては、次の事項に留意する必要がある。
① 保育士等との信頼関係に支えられて生活を確立していくことが人と関わる基盤となることを考慮して、子どもの多様な感情を受け止め、温かく受容的・応答的に関わり、一人一人に応じた適切な援助を行うようにすること。
② 身近な人に親しみをもって接し、自分の感情などを表し、それに相手が応答する

言葉を聞くことを通して、次第に言葉が獲得されていくことを考慮して、楽しい雰囲気の中での保育士等との関わり合いを大切にし、ゆっくりと優しく話しかけるなど、積極的に言葉のやり取りを楽しむことができるようにすること。

ウ 身近なものと関わり感性が育つ
　身近な環境に興味や好奇心をもって関わり、感じたことや考えたことを表現する力の基盤を培う。
（ア）ねらい
① 身の回りのものに親しみ、様々なものに興味や関心をもつ。
② 見る、触れる、探索するなど、身近な環境に自分から関わろうとする。
③ 身体の諸感覚による認識が豊かになり、表情や手足、体の動き等で表現する。
（イ）内容
① 身近な生活用具、玩具や絵本などが用意された中で、身の回りのものに対する興味や好奇心をもつ。
② 生活や遊びの中で様々なものに触れ、音、形、色、手触りなどに気付き、感覚の働きを豊かにする。
③ 保育士等と一緒に様々な色彩や形のものや絵本などを見る。
④ 玩具や身の回りのものを、つまむ、つかむ、たたく、引っ張るなど、手や指を使って遊ぶ。
⑤ 保育士等のあやし遊びに機嫌よく応じたり、歌やリズムに合わせて手足や体を動かして楽しんだりする。
（ウ）内容の取扱い
　上記の取扱いに当たっては、次の事項に留意する必要がある。
① 玩具などは、音質、形、色、大きさなど子どもの発達状態に応じて適切なもの

を選び、その時々の子どもの興味や関心を踏まえるなど、遊びを通して感覚の発達が促されるものとなるように工夫すること。なお、安全な環境の下で、子どもが探索意欲を満たして自由に遊べるよう、身の回りのものについては、常に十分な点検を行うこと。

② 乳児期においては、表情、発声、体の動きなどで、感情を表現することが多いことから、これらの表現しようとする意欲を積極的に受け止めて、子どもが様々な活動を楽しむことを通して表現が豊かになるようにすること。

(3) 保育の実施に関わる配慮事項

ア　乳児は疾病への抵抗力が弱く、心身の機能の未熟さに伴う疾病の発生が多いことから、一人一人の発育及び発達状態や健康状態についての適切な判断に基づく保健的な対応を行うこと。

イ　一人一人の子どもの生育歴の違いに留意しつつ、欲求を適切に満たし、特定の保育士が応答的に関わるように努めること。

ウ　乳児保育に関わる職員間の連携や嘱託医との連携を図り、第3章に示す事項を踏まえ、適切に対応すること。栄養士及び看護師等が配置されている場合は、その専門性を生かした対応を図ること。

エ　保護者との信頼関係を築きながら保育を進めるとともに、保護者からの相談に応じ、保護者への支援に努めていくこと。

オ　担当の保育士が替わる場合には、子どものそれまでの生育歴や発達過程に留意し、職員間で協力して対応すること。

2　1歳以上3歳未満児の保育に関わるねらい及び内容

(1) 基本的事項

ア　この時期においては、歩き始めから、歩く、走る、跳ぶなどへと、基本的な運動機能が次第に発達し、排泄の自立のための身体的機能も整うようになる。つまむ、めくるなどの指先の機能も発達し、食事、衣類の着脱なども、保育士等の援助の下で自分で行うようになる。発声も明瞭になり、語彙も増加し、自分の意思や欲求を言葉で表出できるようになる。このように自分でできることが増えてくる時期であることから、保育士等は、子どもの生活の安定を図りながら、自分でしようとする気持ちを尊重し、温かく見守るとともに、愛情豊かに、応答的に関わることが必要である。

イ　本項においては、この時期の発達の特徴を踏まえ、保育の「ねらい」及び「内容」について、心身の健康に関する領域「健康」、人との関わりに関する領域「人間関係」、身近な環境との関わりに関する領域「環境」、言葉の獲得に関する領域「言葉」及び感性と表現に関する領域「表現」としてまとめ、示している。

ウ　本項の各領域において示す保育の内容は、第1章の2に示された養護における「生命の保持」及び「情緒の安定」に関わる保育の内容と、一体となって展開されるものであることに留意が必要である。

(2) ねらい及び内容

ア　健康

健康な心と体を育て、自ら健康で安全な生活をつくり出す力を養う。

(ア) ねらい
① 明るく伸び伸びと生活し、自分から体を動かすことを楽しむ。
② 自分の体を十分に動かし、様々な動きをしようとする。
③ 健康、安全な生活に必要な習慣に気付き、自分でしてみようとする気持ちが育つ。

(イ) 内容
① 保育士等の愛情豊かな受容の下で、安定感をもって生活をする。
② 食事や午睡、遊びと休息など、保育所における生活のリズムが形成される。
③ 走る、跳ぶ、登る、押す、引っ張るなど全身を使う遊びを楽しむ。
④ 様々な食品や調理形態に慣れ、ゆったりとした雰囲気の中で食事や間食を楽しむ。
⑤ 身の回りを清潔に保つ心地よさを感じ、その習慣が少しずつ身に付く。
⑥ 保育士等の助けを借りながら、衣類の着脱を自分でしようとする。
⑦ 便器での排泄に慣れ、自分で排泄ができるようになる。

(ウ) 内容の取扱い
上記の取扱いに当たっては、次の事項に留意する必要がある。
① 心と体の健康は、相互に密接な関連があるものであることを踏まえ、子どもの気持ちに配慮した温かい触れ合いの中で、心と体の発達を促すこと。特に、一人一人の発育に応じて、体を動かす機会を十分に確保し、自ら体を動かそうとする意欲が育つようにすること。
② 健康な心と体を育てるためには望ましい食習慣の形成が重要であることを踏まえ、ゆったりとした雰囲気の中で食べる喜びや楽しさを味わい、進んで食べようとする気持ちが育つようにすること。なお、食物アレルギーのある子どもへの対応については、嘱託医等の指示や協力の下に適切に対応すること。
③ 排泄の習慣については、一人一人の排尿間隔等を踏まえ、おむつが汚れていないときに便器に座らせるなどにより、少しずつ慣れさせるようにすること。
④ 食事、排泄、睡眠、衣類の着脱、身の回りを清潔にすることなど、生活に必要な基本的な習慣については、一人一人の状態に応じ、落ち着いた雰囲気の中で行うようにし、子どもが自分でしようとする気持ちを尊重すること。また、基本的な生活習慣の形成に当たっては、家庭での生活経験に配慮し、家庭との適切な連携の下で行うようにすること。

イ 人間関係
他の人々と親しみ、支え合って生活するために、自立心を育て、人と関わる力を養う。

(ア) ねらい
① 保育所での生活を楽しみ、身近な人と関わる心地よさを感じる。
② 周囲の子ども等への興味や関心が高まり、関わりをもとうとする。
③ 保育所の生活の仕方に慣れ、きまりの大切さに気付く。

(イ) 内容
① 保育士等や周囲の子ども等との安定した関係の中で、共に過ごす心地よさを感じる。
② 保育士等の受容的・応答的な関わりの中で、欲求を適切に満たし、安定感をもって過ごす。
③ 身の回りに様々な人がいることに気付き、徐々に他の子どもと関わりをもって遊ぶ。
④ 保育士等の仲立ちにより、他の子どもとの関わり方を少しずつ身につける。

⑤ 保育所の生活の仕方に慣れ、きまりがあることや、その大切さに気付く。
⑥ 生活や遊びの中で、年長児や保育士等の真似をしたり、ごっこ遊びを楽しんだりする。
(ウ) 内容の取扱い
　上記の取扱いに当たっては、次の事項に留意する必要がある。
① 保育士等との信頼関係に支えられて生活を確立するとともに、自分で何かをしようとする気持ちが旺盛になる時期であることに鑑み、そのような子どもの気持ちを尊重し、温かく見守るとともに、愛情豊かに、応答的に関わり、適切な援助を行うようにすること。
② 思い通りにいかない場合等の子どもの不安定な感情の表出については、保育士等が受容的に受け止めるとともに、そうした気持ちから立ち直る経験や感情をコントロールすることへの気付き等につなげていけるように援助すること。
③ この時期は自己と他者との違いの認識がまだ十分ではないことから、子どもの自我の育ちを見守るとともに、保育士等が仲立ちとなって、自分の気持ちを相手に伝えることや相手の気持ちに気付くことの大切さなど、友達の気持ちや友達との関わり方を丁寧に伝えていくこと。

ウ　環境
　周囲の様々な環境に好奇心や探究心をもって関わり、それらを生活に取り入れていこうとする力を養う。
(ア) ねらい
① 身近な環境に親しみ、触れ合う中で、様々なものに興味や関心をもつ。
② 様々なものに関わる中で、発見を楽しんだり、考えたりしようとする。

③ 見る、聞く、触るなどの経験を通して、感覚の働きを豊かにする。
(イ) 内容
① 安全で活動しやすい環境での探索活動等を通して、見る、聞く、触れる、嗅ぐ、味わうなどの感覚の働きを豊かにする。
② 玩具、絵本、遊具などに興味をもち、それらを使った遊びを楽しむ。
③ 身の回りの物に触れる中で、形、色、大きさ、量などの物の性質や仕組みに気付く。
④ 自分の物と人の物の区別や、場所的感覚など、環境を捉える感覚が育つ。
⑤ 身近な生き物に気付き、親しみをもつ。
⑥ 近隣の生活や季節の行事などに興味や関心をもつ。
(ウ) 内容の取扱い
　上記の取扱いに当たっては、次の事項に留意する必要がある。
① 玩具などは、音質、形、色、大きさなど子どもの発達状態に応じて適切なものを選び、遊びを通して感覚の発達が促されるように工夫すること。
② 身近な生き物との関わりについては、子どもが命を感じ、生命の尊さに気付く経験へとつながるものであることから、そうした気付きを促すような関わりとなるようにすること。
③ 地域の生活や季節の行事などに触れる際には、社会とのつながりや地域社会の文化への気付きにつながるものとなることが望ましいこと。その際、保育所内外の行事や地域の人々との触れ合いなどを通して行うこと等も考慮すること。

エ　言葉
　経験したことや考えたことなどを自分なりの言葉で表現し、相手の話す言葉を聞

こうとする意欲や態度を育て、言葉に対する感覚や言葉で表現する力を養う。
（ア）ねらい
① 言葉遊びや言葉で表現する楽しさを感じる。
② 人の言葉や話などを聞き、自分でも思ったことを伝えようとする。
③ 絵本や物語等に親しむとともに、言葉のやり取りを通じて身近な人と気持ちを通わせる。
（イ）内容
① 保育士等の応答的な関わりや話しかけにより、自ら言葉を使おうとする。
② 生活に必要な簡単な言葉に気付き、聞き分ける。
③ 親しみをもって日常の挨拶に応じる。
④ 絵本や紙芝居を楽しみ、簡単な言葉を繰り返したり、模倣をしたりして遊ぶ。
⑤ 保育士等とごっこ遊びをする中で、言葉のやり取りを楽しむ。
⑥ 保育士等を仲立ちとして、生活や遊びの中で友達との言葉のやり取りを楽しむ。
⑦ 保育士等や友達の言葉や話に興味や関心をもって、聞いたり、話したりする。
（ウ）内容の取扱い
　上記の取扱いに当たっては、次の事項に留意する必要がある。
① 身近な人に親しみをもって接し、自分の感情などを伝え、それに相手が応答し、その言葉を聞くことを通して、次第に言葉が獲得されていくものであることを考慮して、楽しい雰囲気の中で保育士等との言葉のやり取りができるようにすること。
② 子どもが自分の思いを言葉で伝えるとともに、他の子どもの話などを聞くことを通して、次第に話を理解し、言葉による伝え合いができるようになるよう、気持ちや経験等の言語化を行うことを援助す

るなど、子ども同士の関わりの仲立ちを行うようにすること。
③ この時期は、片言から、二語文、ごっこ遊びでのやり取りができる程度へと、大きく言葉の習得が進む時期であることから、それぞれの子どもの発達の状況に応じて、遊びや関わりの工夫など、保育の内容を適切に展開することが必要であること。

オ　表現
　感じたことや考えたことを自分なりに表現することを通して、豊かな感性や表現する力を養い、創造性を豊かにする。
（ア）ねらい
① 身体の諸感覚の経験を豊かにし、様々な感覚を味わう。
② 感じたことや考えたことなどを自分なりに表現しようとする。
③ 生活や遊びの様々な体験を通して、イメージや感性が豊かになる。
（イ）内容
① 水、砂、土、紙、粘土など様々な素材に触れて楽しむ。
② 音楽、リズムやそれに合わせた体の動きを楽しむ。
③ 生活の中で様々な音、形、色、手触り、動き、味、香りなどに気付いたり、感じたりして楽しむ。
④ 歌を歌ったり、簡単な手遊びや全身を使う遊びを楽しんだりする。
⑤ 保育士等からの話や、生活や遊びの中での出来事を通して、イメージを豊かにする。
⑥ 生活や遊びの中で、興味のあることや経験したことなどを自分なりに表現する。
（ウ）内容の取扱い
　上記の取扱いに当たっては、次の事項に留意する必要がある。

① 子どもの表現は、遊びや生活の様々な場面で表出されているものであることから、それらを積極的に受け止め、様々な表現の仕方や感性を豊かにする経験となるようにすること。
② 子どもが試行錯誤しながら様々な表現を楽しむことや、自分の力でやり遂げる充実感などに気付くよう、温かく見守るとともに、適切に援助を行うようにすること。
③ 様々な感情の表現等を通じて、子どもが自分の感情や気持ちに気付くようになる時期であることに鑑み、受容的な関わりの中で自信をもって表現をすることや、諦めずに続けた後の達成感等を感じられるような経験が蓄積されるようにすること。
④ 身近な自然や身の回りの事物に関わる中で、発見や心が動く経験が得られるよう、諸感覚を働かせることを楽しむ遊びや素材を用意するなど保育の環境を整えること。

(3) 保育の実施に関わる配慮事項

ア 特に感染症にかかりやすい時期であるので、体の状態、機嫌、食欲などの日常の状態の観察を十分に行うとともに、適切な判断に基づく保健的な対応を心がけること。

イ 探索活動が十分できるように、事故防止に努めながら活動しやすい環境を整え、全身を使う遊びなど様々な遊びを取り入れること。

ウ 自我が形成され、子どもが自分の感情や気持ちに気付くようになる重要な時期であることに鑑み、情緒の安定を図りながら、子どもの自発的な活動を尊重するとともに促していくこと。

エ 担当の保育士が替わる場合には、子どものそれまでの経験や発達過程に留意し、職員間で協力して対応すること。

【監修者紹介】

谷田貝公昭（やたがい・まさあき）
　目白大学名誉教授
［主な著書］『しつけ事典』（監修、一藝社、2013年）、『新版・保育用語辞典』（編集代表、一藝社、2016年）、『実践・保育内容シリーズ［全6巻］』（監修、一藝社、2014〜2015年）、『絵でわかるこどものせいかつずかん［全4巻］』（監修、合同出版、2012年）ほか多数

【編著者紹介】

大沢　裕　（おおさわ・ひろし）
　松蔭大学コミュニケーション文化学部教授
［主な著書］『幼児理解』（単編・共著、一藝社、2017年）、『保育者養成シリーズ・教育原理』（単編・共著、一藝社、2012年）、『幼稚園と小学校の教育－初等教育の原理』（共著、東信堂、2011年）、『ペスタロッチー・フレーベル事典』（共著、玉川大学出版部、2006年）ほか多数

野末晃秀（のずえ・あきひで）
　松蔭大学コミニュケーション文化学部准教授
［主な著書］『コンパクト版保育者養成シリーズ・保育内容総論』（共著、一藝社、2017年）、『幼児理解』（共著、一藝社、2017年）『保育者論』（共著、一藝社、2011年）ほか多数

【執筆者紹介】（五十音順）

五十嵐紗織（いがらし・さおり）　　［第2章］
　信州豊南短期大学助教

岩渕善美（いわぶち・よしみ）　　［第13章］
　平安女学院大学短期大学部教授

大沢　裕（おおさわ・ひろし）　　［第1章］
　〈編著者紹介参照〉

河野　崇（こうの・たかし）　　［第8章］
　大阪キリスト教短期大学助教

島川武治（しまかわ・たけはる）　　［第12章］
　大阪国際大学短期大学部非常勤講師

副島里美（そえじま・さとみ）　　［第14章］
　静岡県立大学短期大学部准教授

寺島明子（てらしま・あきこ）　　［第15章］
　近自然的環境保育 自然ランド・バンバン主宰

照屋建太（てるや・けんた）　　［第6章］
　沖縄キリスト教短期大学教授

東内瑠里子（とうない・るりこ）　　［第7章］
　日本福祉大学准教授

利根川彰博（とねがわ・あきひろ）　　［第10章］
　帝京大学教育学部講師

野末晃秀（のずえ・あきひで）　　　［第9章］
　　〈編著者紹介参照〉

長谷秀揮（はせ・ひでき）　　　　　［第3章］
　　四條畷学園短期大学教授

馬場結子（ばば・ゆうこ）　　　　　［第11章］
　　川村学園女子大学准教授

二子石諒太（ふたごいし・りょうた）［第5章］
　　尚絅大学短期大学部助教

余公敏子（よこう・としこ）　　　　［第4章］
　　九州龍谷短期大学教授

装丁（デザイン）本田いく
　　（イラスト）ふじたかなこ
図表作成　　　蛮ハウス

コンパクト版保育内容シリーズ③
環境

2018年3月5日　初版第1刷発行
2021年3月1日　初版第3刷発行

監修者　谷田貝 公昭
編著者　大沢 裕・野末晃秀
発行者　菊池公男

発行所　株式会社 一藝社
〒160-0014 東京都新宿区内藤町1-6
Tel. 03-5312-8890　Fax. 03-5312-8895
E-mail : info@ichigeisha.co.jp
HP : http://www.ichigeisha.co.jp
振替　東京 00180-5-350802
印刷・製本　シナノ書籍印刷株式会社

©Masaaki Yatagai 2018 Printed in Japan
ISBN 978-4-86359-152-3 C3037
乱丁・落丁本はお取り替えいたします